YINGKE® 盈科

盈科全国业务指导委员会系列丛书

企业知识产权管理和风险防控答疑

盈科律师事务所／编
罗宗奎／主编　　丁海波　牛敬义　王丽娇／副主编

法律出版社 LAW PRESS · CHINA
北京

图书在版编目(CIP)数据

企业知识产权管理和风险防控答疑 / 盈科律师事务所编 ; 罗宗奎主编. -- 北京 : 法律出版社, 2022
ISBN 978-7-5197-7307-6

Ⅰ. ①企… Ⅱ. ①盈… ②罗… Ⅲ. ①企业-知识产权-管理-中国-问题解答 Ⅳ. ①D923.404

中国版本图书馆 CIP 数据核字(2022)第 219140 号

企业知识产权管理和风险防控答疑
QIYE ZHISHI CHANQUAN GUANLI HE FENGXIAN FANGKONG DAYI

盈科律师事务所 编
罗宗奎 主编

策划编辑 朱海波
责任编辑 朱海波 谢瑞忠
装帧设计 汪奇峰 臧晓飞

出版发行 法律出版社
编辑统筹 法律应用出版分社
责任校对 蒋 橙
责任印制 刘晓伟
经　　销 新华书店

开本 710 毫米×1000 毫米 1/16
印张 12.5 **字数** 223 千
版本 2022 年 12 月第 1 版
印次 2022 年 12 月第 1 次印刷
印刷 天津嘉恒印务有限公司

地址:北京市丰台区莲花池西里 7 号(100073)
网址:www.lawpress.com.cn
投稿邮箱:info@lawpress.com.cn
举报盗版邮箱:jbwq@lawpress.com.cn

销售电话:010-83938349
客服电话:010-83938350
咨询电话:010-63939796

书号:ISBN 978-7-5197-7307-6
定价:56.00 元
凡购买本社图书,如有印装错误,我社负责退换。电话:010-83938349

本书编著者

主 编 罗宗奎

副主编 丁海波 牛敬义 王丽娇

前　言

对于现代社会的企业来说，知识产权已经成为一个不可回避、不可小觑、不可不了解学习的重要权益。因为它可以说是现代企业最具竞争力的资产，有时还决定着一个企业的存亡。而我们大多数企业对知识产权的态度，可以描述为三层境界：当企业与知识产权未有交集、未受其累时，往往有“谁怕？一蓑烟雨任平生”的豪迈；当企业陷入知识产权纷争、不可自拔时，那种“剪不断，理还乱，是离愁。别是一般滋味在心头”的忧愁时刻困扰着你；而当企业真正尝到知识产权的甜头儿，学会运用知识产权在市场竞争中乘风破浪时，才能体会到“长风破浪会有时，直挂云帆济沧海”的畅快！

因此，编辑此书的目的，就是让企业及其掌舵人对知识产权能有一个“了解、认识、应用”的契机，树立正确的知识产权意识，较为全面地了解知识产权架构，做到有备无患，未雨绸缪，为企业的宏图补足知识产权的拼板。同时，本书也适合对知识产权感兴趣的所有人，作为入门教材，帮助您建立知识产权的知识框架。

考虑到知识产权专业性强、范围广泛、法律法规变化快的特点，本书撰写时力求做到通俗易懂、全面完整、紧跟新法。书中所涉法律法规和司法解释等均为最新颁布和修订版本。全书以“企业知识产权管理和风险防控”为主题，以“问题—回答”的“答疑”方式展开。包括“企业对知识产权的定位”“专利管理和风险防控”“商标管理与风险防控”“著作权管理与风险防控”“商业秘密管理与不正当竞争风险防控”“其他知识产权管理和风险防控”共六章内容。其中，第一章、第二章由丁海波撰写初稿，罗宗奎修订撰写和定稿。第三章由王丽娇撰写初稿，罗宗奎修订撰写和定稿。第四章、第五章由牛敬义、丁海波、罗宗奎共同撰写,并由罗宗奎修订和定稿。第六章由罗宗奎撰写和定稿。全书由罗宗奎审校。

作为律师,不仅要善于代理案件,还要善于对法律实务进行总结分析和研究。感谢盈科律师事务所一直以来对律师实务研究工作的大力支持!感谢盈科郑州分所李曙衢主任的倾力推荐!当然,本书的出版也离不开法律出版社朱海波编辑的辛苦编辑工作,在此一并致谢!

目 录
CONTENTS

第一章　企业对知识产权的定位

1. 企业通常会接触到哪些知识产权？

企业通常会接触到的知识产权主要有商标权、专利权、著作权，其中，商标权和专利权属于工业产权，著作权属于文学艺术产权。这三类知识产权构成了知识产权的主体，是传统的三大知识产权。但实际上知识产权的范围很广泛，还包括植物新品种、集成电路布图设计、计算机软件、地理标志、商业秘密（包括未公开的经营信息和技术信息等）、域名、数据库权，不正当竞争领域中的许多问题也可归属于知识产权中。

（1）商标权

商标其实就是老百姓常说的牌子，商标对于企业来讲就如同身份证上面的姓名，就是大名，而且是经过官方认可的。申请人需要到国家知识产权局进行申请注册，经过审查后，拿到商标注册证才享有专用权。当然，未注册的标志只要不违反《商标法》的规定，也可以作为商标使用，但不具有专用权，保护力度非常小。

根据《商标法》第 8 条的规定，任何能够将自然人、法人或者其他组织的商品与他人的商品区别开的标志，包括文字、图形、字母、数字、三维标志、颜色组合和声音等，以及上述要素的组合，均可以作为商标申请注册。

在我国和世界上大多数国家，商标均需要在本国商标管理机构申请注册后，才会得到独占性保护。

根据《商标法》第 13 条第 2 款的规定，就相同或者类似商品申请注册的商标是复制、摹仿或者翻译他人未在中国注册的驰名商标，容易导致混淆的，不予注册并禁止使用。因此驰名商标可以扩大保护范围，即便没在我国申请注册商标，也可以受到保护。

（2）专利权

专利权是对技术方案或者是产品外观形状、图案等进行的保护，根据《专利法》第 2 条第 1 款的规定，我国的专利包括发明、实用新型和外观设计 3 种。在我国获得专利权也需要向国家知识产权局进行申请，经审查和授权后，才能受到专利法的保护。发明和实用新型专利是对技术方案的保护，外观设计专利是对产品外部形状进行的保护，不涉及技术方案。

（3）著作权

著作权是对作品所享有的专有权利。根据《著作权法》第 3 条的规定，所谓作品，是指文学、艺术和科学领域内具有独创性并能以一定形式表现的智力成果，包括文字作品；口述作品；音乐、戏剧、曲艺、舞蹈、杂技艺术作品；美术、建筑作品；摄影作品；视听作品；工程设计图、产品设计图、地图、示意图等图形作品和模型作品；计算机软件；符合作品特征的其他智力成果。

需要注意，著作权的取得方式与商标权和专利权有所不同，其不需要经过国家机关的审批，虽然可以对作品进行登记，但是作品登记证书中载明作品创作完成的相关信息，版权局也不作实质性审查。即便没有进行版权登记，也会产生著作权，作品一经创作完成就会产生著作权，即便该作品可能没有完成，著作权人也会对已经完成的作品部分享有权利。比如，《红楼梦》通行本共 120 回，一般认为前 80 回是清代作家曹雪芹所著，后 40 回是清代作家高鹗所补，所以前 80 回著作权属于曹雪芹，后 40 回著作权属于高鹗。

2. 企业经营中经常会遇到哪些知识产权风险？

企业在经营中比较常见的知识产权风险，从法律责任性质上划分，包括民事风险、行政风险和刑事风险三大类。

其中，民事风险主要有知识产权侵权风险、知识产权合同风险、知识产权无效风险等，如侵权风险就包括商标侵权、专利侵权、著作权侵权、商业秘密侵权等风险，知识产权合同风险包括各类知识产权转让合同、许可合同、技术开发、技术许可、技术转让等纠纷，无效类的风险包括商标、专利被人提出无效申请、撤销申请等风险。

行政风险主要来源于对知识产权行政保护规定的违反。我国对知识产权的保护是双轨制，即行政保护和司法保护并行。对于违反知识产权法律法规规定的违法行为，权利人还可能请求行政机关予以保护，就会导致知识产权行政责任风险。如商标侵权、专利侵权、不正当竞争、专利违法标注、商标违法标注等行为,就可能导致行政处罚。

刑事风险则处罚最重,包括侵犯注册商标罪、销售假冒注册商标的商品罪、假冒专利罪、侵犯著作权罪、侵犯商业秘密罪等。刑事风险轻则处以罚金,重则可能处 3 年以下有期徒刑并处罚金,《刑法修正案十一》颁布之后,侵犯知识产权犯罪的法定最高刑期已变更为 10 年。

关于知识产权风险,下面举例予以说明:

商标侵权。商标侵权风险如有的超市卖的酒,是营销人员上门推销的,说是先试销一下仅仅进了一箱,当然也没签定购销合同。结果仅仅卖了一瓶就被法院发了传票,说是商标侵权,原来这是假酒。超市认为很委屈仅仅是赚了一个批零差价,自己也不是造假酒的,但根据《商标法》的规定这个往往会被法院认定商标侵权成立,而且不是仅仅退赔一瓶或者一箱假酒,可能会被判赔几千元甚至更多。近期宣判的“小米商标案”,深圳一家企业名称也叫小米的公司,通过电商渠道销售近似小米商标以及打着小米名称的小家电产品,销售额达 1 亿多元,深圳市中级人民法院适用了惩罚性赔偿,最终完全支持了小米公司的 3000 万元赔偿诉求。

专利侵权。专利侵权相比商标侵权就更隐蔽了,某企业看到一款造型像鱼骨的饼干在抖音销售火爆,就也想蹭一把热度,开始生产相同形状的鱼骨饼干,并在该商品外包装上打上自己的注册商标,厂名、厂址等信息均是自己的,没想到该款饼干已经被申请了外观设计专利,因此该产品形状也是被专利法保护的,侵犯了该外观设计专利的专利权。

著作权侵权。现代社会,计算机是企业办公必备品。在用计算机处理文档时会调用字库的汉字进行文字录入等工作。一些广告公司在设计相关宣传文档时,会用一些比较新颖的字体,殊不知字库中具有独创性的单字构成受《著作权法》保护的美术作品,应当受到保护。如果没经过授权进行商业性使用,可能构成著作权侵权。曾有食品公司委托一家设计公司设计商标标识,结果商标用了 10 年,却被一个字体公司起诉,主张其商标文字用了他们的特殊字体,构成著作权侵权。一个生产游乐设备的公司,在其网页宣传其游乐产品,结果被权利人公证保全证据,诉其侵犯著作权,原来其游乐设备的造型中使用了熊大、熊二、光头强等动漫形象,这些形象都是有著作权的,这种商业经营明显是著作权侵权。

知识产权刑事风险,如备受国内 IT 界关注的微软反盗版刑事“第一案”——“番茄花园案”，番茄花园网站的负责人洪某，及其幕后的总策划、操控番茄花园商业运作的孙某忠因犯有侵犯著作权罪，分别被判处有期徒刑3年半，各自被处罚金100万元。其余两名被告人和一家被告单位也被追究刑事责任。

当今世界，知识产权成为企业最重要的资产，也是最有力的竞争武器，尤其对有志于拓展国际市场的企业，更需要学会并熟悉知识产权规则。对企业而言，知识产权风险无处不在，企业必须有非常强烈的知识产权保护意识，聘请专业人员提前做好知识产权合规管理，应对各类知识产权纠纷，真正融入市场经营的大潮中。有太多的企业都是在前期经营中不注重知识产权合规、规划，遭遇竞争对手的打击，交了巨额学费后才开始注重知识产权问题。我们服务过的一个企业，被竞争对手申请了商标无效，原来其商标申请时就有搭便车的意图，只比无效申请人的商标多了一个字，结果自己使用了10多年的商标面临无效的结果，10多年的培育、宣传和推广付之东流。这就是没有做好商标战略规划的结果。

3. 为什么说知识产权是企业最重要的资产？

知识产权是企业的无形资产，知识产权可以有效支撑创新驱动发展和高标准市场体系建设，有力促进经济社会高质量发展。

世界知名企业依靠的核心竞争力无不是知识产权，如微软公司的windows操作系统是属于著作权的范畴，苹果公司，我国的华为、中兴等高科技公司其专利数量均是以万来计算的，有一句话叫作“世界上90%以上的最新技术都可以在专利中找到”，而专利作为知识产权中的重要成员，反映的不仅仅是技术信息，还有商业情报、竞争情报、法律情报等一系列攸关商业贸易与发展的重要情报信息。再如，大家都熟悉的知名品牌：阿迪达斯、耐克、李宁、安踏、可口可乐、红牛、六个核桃等均是属于商标权的范畴。作为企业命脉之一的品牌，在商业竞争法则中扮演了极其重要的角色。看看一个名牌商标的转让价格，就能直观地感受到知识产权的价值了。2012年7月2日，广东省高级人民法院宣布，苹果公司与深圳唯冠公司就iPad商标案达成和解，苹果将为此支付6000万美元获得该商标。苹果公司花了6000万美元获得了在中国大陆地区的iPad商标权，真可谓“一字亿金”（换算成人民币，一个字母相当于人民币1亿元）。无论是商业竞争、科技发展，还是生活百科，这一切的源动力都来源于创新。而知识产权作为保护创新和智慧财产的有力武器，必然成为企业出奇制胜的关键所在。因此知识产权是企业的核心竞争力，是企业最重要的核心资产。

4. 企业为什么需要进行知识产权管理？

企业知识产权管理是一项综合性、系统性工程，是将知识产权放在企业管理的战略层面，从理念、机构、模式、人员、制度等方面视为一个整体，界定并努力实现企业知识产权使命的系统工程。

从小的方面来说，企业知识产权管理的作用如下：某家公司有多项专利，但是专利需要每年缴纳年费，该单位没有维护专利的人员，结果忘记缴纳年费，导致该专利因为没有按期缴纳年费而失效。另外，企业的注册商标也需要按期进行续展，否则会失去商标权，如河南新乡市电池厂的“中华牌”注册商标，因为到期没有续展，商标无效，因为根据现行《商标法》的规定，不能再次申请注册该名称的商标，要知道，“中华”牌这样的商标能在之前《商标法》没有修改时取得是多么珍贵，就因为没有续展，而放弃了这样一个独一无二的商标，实在是太遗憾了。即使自己不用，也完全可以将该商标转让，其经济价值绝对不低。

企业可以通过知识产权贯标、知识产权专项法律服务等有效提高知识产权管理水平。对于中小企业，还可以通过知识产权托管，由专门的机构对企业知识产权进行管理，帮助企业保护和运营知识产权，降低知识产权风险，获得知识产权收益。

第二章　专利管理和风险防控

第一节　专利申请问题

5. 企业经营中哪些东西可以申请专利？哪些不能申请专利？

企业经营中涉及的发明创造很多，但不是所有的发明创造都能申请专利的。那么哪些可以申请专利，哪些不能申请呢？

一般而言，只要是人类通过智力劳动创造出来的东西或方法都可以申请专利。但具体而言，各国对专利申请范围的规定却有很大区别，这些区别一方面是国家发展阶段不同导致；另一方面跟每个国家的文化价值观不同有关，甚至有时候就是因为一些大的知识产权利益集团的推动所致。因此，企业若想在不同国家申请专利，需要对目标国的专利制度有深刻了解，提前咨询。比如，美国就允许基因专利的申请，主要是美国制药集团利益需求的推动，而我国就不允许。我国1984年《专利法》连化学药品都不允许申请专利，因为那个时代老百姓承受不起高昂的专利药品价格。

具体到我国而言，企业生产的产品的外观、产品本身的构造以及产品的制造方法都可以申请专利。对于产品结构的创新，可以申请实用新型专利或发明专利，而对于方法的创新只可以申请发明专利，对于产品外观造型以及外观图案等的创新可以申请外观设计专利。申请发明和实用新型专利需要满足新颖性、创造性和实用性的要求。对产品申请的专利并不要求这个产品完全都是独创的，也可以对现有产品的某一部件进行改进，进行申请，这时既可以对包含改进部件的整个机器设备申请专利，也可以仅仅针对这个改进的部件申请专利。而外观设计专利的申请，应当不属于现有设计，具有一定的创新性。

根据《专利法》的规定，违法法律和社会公德的发明创造不能申请专利。例如,一种新型毒品及其制备方法,由于毒品本身的违法性,不能被授予专利权。再如,一种可以致人眼瞎的防盗装置,违反社会公德,不能被授予专利权。

根据《专利法》第 25 条的规定,科学发现;智力活动的规则和方法;疾病的诊断和治疗方法;动物和植物品种;原子核变换方法以及用原子核变换方法获得的物质;以及对平面印刷品的图案、色彩或者二者的结合作出的主要起标识作用的设计,这些是不能申请获得专利的。

其中,科学发现如电磁感应定律,这是自然界存在的规律,不宜被垄断,阻碍科技发展,因此不能申请专利。但对科学发现,往往是通过荣誉、奖励的方式进行激励的,如我国的国家科学技术奖,其对科学家的激励并不比专利制度差。

智力活动的规则和方法,如棋牌规则,不能申请专利,因为其并未依赖自然规律解决实际问题,实现一种实际的技术效果,不符合专利的要求。

疾病的诊断和治疗方法,原本是可以申请专利的,但一方面基于人道主义的原因,如果疾病的诊断和治疗方法被授予专利从而垄断,则会违背人权保护基本原则;另一方面,疾病的诊断和治疗方法在实用性方面也有问题,因为是以人体为作用对象,其效果并不能确定,即难以实现相同效果的重复,不能满足专利实用性要求。因此不能被授予专利权。

动物和植物品种不能被授予专利权主要是出于伦理和国家发展政策两个方面的原因。伦理的原因主要在于动物品种方面,克隆羊"多莉"的悲剧就是典型例证。另外是出于国家发展政策的考虑,尤其是植物品种,许多植物构成人类赖以生存的口粮、辅粮,是人类生命健康延续的保障,也涉及人权保障,因此植物品种的垄断关系重大。但目前植物品种主要是新品种已经在世界上许多国家获准保护了,但不同国家保护途径不同,我国采用的是《植物新品种保护条例》,赋予权利人"新品种权",但不是专利权。但美国就既可申请新品种,也可申请植物专利。

至于原子核变换方法以及用原子核变换方法获得的物质,主要是出于全球安全的考虑,其技术不能被公开,因此不能满足专利对充分公开的要求,不能被授予专利权。但是与此相关的如粒子加速方法和设备、实现电子对撞的设备等,是可以授予专利权的。

最后,关于对平面印刷品的图案、色彩或者二者的结合作出的主要起标识作用的设计,这主要是实践中常见的"瓶贴",以前我国的外观设计专利中有大量比例都是这种“瓶贴”专利，还因此受到了外国的讥讽，也因为这种“瓶贴”的性质主要在于标识、识别，更多属于商业标志，因此在2008年《专利法》修改时增加了这一项，删除了这种外观设计专利类型，提高了我国高质量专利的比例。

6. 如何看待大发明、小发明？

人们常说的大发明和小发明并不是一个法律概念，一般说大发明是指一些重大的发明创造，给人类和社会带来巨大的变革，如蒸汽机的发明，标志着第一次工业革命的开始。第一台计算机的发明标志着信息技术的产生。这些发明在《专利法》中一般对应于发明专利。而小发明是指数量众多的小改小新的发明创造，一般对应于专利法中的实用新型专利。虽然说大发明给人类社会生活和经济发展带来巨变，但是也不能小看小发明。例如，手机自拍杆，可以归入小发明的范畴，其作用是随着手机摄像功能的强大，人们有了自拍的需求，为了更好地满足这个需求，于是就产生了专利号为ZL201420522729.0的“一体式自拍装置”专利，在2年内该实用新型专利的权利人深圳源德盛塑胶电子（深圳）有限公司凭借该专利“纵横”自拍杆市场，并创造了数以亿计的销售业绩。在2018年该专利一举获得了中国专利领域的最高荣誉——第二十届中国专利奖金奖。因此小发明也会具有巨大的市场价值。

我们的企业不但要有大发明、大创新的意识，也要有小发明高价值的认识。有些大发明如卫星、火箭、登月车等，的确创造性极高，但其在市场中的经济价值未必就很大。相反，一个不起眼的小发明如“自拍杆”“瓶盖”“一种恐龙造型的牙刷”“一个穴位按摩器”等，其市场价值反而更高，对许多企业而言具有更重要的贡献。因此企业应该有发明创造的意识，能够有重大的科技创造固然更好，如华为的5G、大疆的无人机等，即使没有重大发明创造，也应该有多做小发明的意识，在科研能力不太强时，从小发明做起，进行有序的专利规划，逐渐做强。企业拥有若干专利权，不需要付出很高的成本，就能为企业带来更高的利润率，也能够在激烈的市场竞争中手握一些最基本的武器，甚至有可能获得政府的资助。这是符合我国高质量发展的基本战略方针的。

7. 技术研发中的专利风险有哪些？

企业在技术研发中首先要防止“重复研发的风险”。

国内不少企业在研发过程中会参考国外的技术和产品进行拆解或者逆向工程进行研发，但是国外尤其是欧美技术先进的国家其知识产权保护意识较强，往往对其新的技术方案通过申请专利的方式进行保护。一旦某种技术申请过专利，就会在全球专利数据库中留下技术说明书、权利要求书等技术文件和法律文件。这项技术就构成“现有技术”。如果我们的企业是通过产品拆解、逆向工程研发，而且没有在原有产品基础上进行新的改进，那么这样的专利即使侥幸申请下来，也是不稳定的，随时有可能被竞争对手无效掉。

还有些企业由于科技查新、市场调研不充分，立项了一些自己所谓的“创新项目”，实际上却不知这种技术在市场上或者教科书、期刊中已经被公开，结果花费了上千万元甚至上亿元的资金，却研发了没有新颖性的技术，基于这种技术的产品或方法已经在市场上出现或者被申请了专利，最终自己是无法获得专利权的。

因此，企业在研发新品过程中，应当收集大量的资料尤其是竞争对手在本领域或者相关领域的专利，这样不仅可以有效提高研发效率，不做重复劳动，而且可以吸收相关技术经验，在此基础上进行发明创造，同时可以避开对方专利保护，避免潜在的专利侵权风险。

其次，企业在技术研发中还要防止“权属纠纷风险”。这种风险包括职务发明专利风险和技术合作开发风险。比如，不少企业在研发的时候是通过与研究院所进行合作，充分发挥双方优势，这时在签订诸如校企合作研发协议时，一定要对研发成果的知识产权归属和使用进行明确的约定，避免今后发生不必要的知识产权权属纠纷。职务发明专利纠纷也是企业常见的一种权属纠纷，就是自己的职工作出的发明创造，专利权究竟归属于企业还是职工个人，这一点《专利法》虽然有规定，但在实践中纠纷非常多，需要企业提前做好约定，充分利用约定条款、入职协议、商业秘密合规管理等手段，防止职务技术成果外流。

8. 企业如何在专利保护和技术秘密保护之间进行选择？

企业的科技成果从知识产权角度看，有两种保护途径。一是申请专利，二是作为技术秘密保护。专利的优势是获得一种合法的垄断，法律强有力的保护，但劣势也很明显：有期限，必须充分公开技术，容易被人仿制。技术秘密的优势是保护无期限，如果采取的措施适当，竞争对手无法获知技术，但也有不足，因为其是一种私力保护，一旦被泄露，则法律无法再对其进行保护。两种保护途径各有千秋，企业该如何选择呢？

一个基本原则是，如果一项技术方案最终体现为有具体结构或成分的产品，产品又需要进入市场流通，竞争对手完全可通过逆向工程获知该技术，则适合用申请专利的方式保护。反之，如果一项技术方案不容易通过逆向工程获知其关键技术，或者作为一种方法或产品不进入市场流通，企业可以通过保密措施防止该技术泄露，就可以通过技术秘密予以保护。

由于专利的本质是以公开换取垄断，全世界所有的专利均需要公开其技术方案，公开的程度，是以本领域普通技术人员根据该公开的专利文献，可以实施并达到专利说明书中的技术目的为标准。公开不充分的专利申请，由于本领域普通技术人员不能按照说明书记载的内容实现该发明，进而了解技术问题，并产生预期效果，是会被专利局驳回的。另外，因为企业研发的产品是直接销售给客户的，尤其是产品结构方面的发明创造、西药等，客户很容易得到，从而能够比较容易通过拆解、逆向工程、化学分析等手段了解其具体构造和具体化学成分，这些研发成果很难保密，适合采用申请专利的方式进行保护。对于那些不直接面向终端客户，只是在企业内部使用的发明创造，不一定必须申请专利来进行保护，这样竞争对手就不能及时了解到该发明创造，可以有效地保持自己技术的领先性。

另外，为了保持本企业技术的领先性，企业对于需要进行专利保护的技术，在撰写专利文档的时候可以对部分技术诀窍（know-how）不在专利文档中进行公开，仅仅是做到满足可以实现本专利的发明目的即可，这部分技术诀窍采用技术秘密的方式进行保护。例如，电视剧《大染坊》中，陈寿亭利用鱿鱼掌握了81℃染布法，一下子提高了布匹的质量，以至于用了20年都是领先行业的核心技术。这种染布的技术就可以申请方法类的发明专利，但是其81℃的温度值可以不公开出来，可以仅公开一个温度的区间，在这个区间内也可以完成染布的目的，但是只有在81℃才可以达到最优的染布质量，温度这个技术特征，可以采用技术秘密方式进行保护。

所有国家的专利保护均是有保护期限的，如我国专利法规定发明专利保护期是20年，实用新型专利的保护期是10年，外观设计专利的保护期是15年。因此，如祖传的中药配方，就没有必要通过申请专利进行保护，可以采取技术秘密的方式进行保护。例如,云南白药作为一种中草药,1902 年由云南名医曲焕章创制,并由曲家独自掌握其配方并秘密配制。1955 年,曲家人将“云南白药”秘方献给云南省政府。1956 年国务院保密委员会将该处方及工艺列为国家保密范围。中药“片仔癀”特效配方及独特工艺也是国家绝密配方。还有可口可乐的配方均是采用了技术秘密的方式进行保护。

企业的技术研发成果到底适用哪种方式保护,可在以上基本原则的基础上,个案分析,企业也可参考知识产权专业人士的意见,以最合适的方式保护自己的研发成果。

9. 专利申请前要做好哪些准备?

企业在专利申请前要做好如下这些准备工作:

第一,技术研发应该达到较为成熟的程度。较为成熟并不是说这种技术已经完全没有问题,只要是与现有技术相比,确实有实质的进步,就可以准备专利申请了。因为专利申请遵循“在先申请”原则,一个较早的“申请日”是极其关键的一点。尤其是在竞争激烈的今天,早一天也许就能甩开竞争对手若干年,或者意味着巨额的利润或维权成本、费用的减免。另外,在专利申请时还要与专利代理机构继续沟通和挖掘,因此提前准备专利申请事宜是十分必要的。但也不能在毫无创造性的情况下就急于申请专利,这样成功的概率就要大打折扣,或者即使申请成功,专利的技术价值或市场价值不高,也是不可取的。

第二,在技术攻关完成后,要由技术人员确定创新点,必要时可结合知识产权律师、专利代理人的意见。所谓技术创新点就是新技术相对于现有技术的不同点,创新点的确定直接关系到专利权利范围的确定,对一项专利而言,这是最关键的事项。

第三,在专利申请前要做好技术保密工作,不能将创新技术作为论文提前发表,或者还没有申请专利前产品就上市了,这些行为都会导致专利新颖性的破坏,专利申请就会被驳回。

第四,企业技术人员应向专利代理人提交技术交底书,并与专利代理人深入沟通,确定创新点、权利范围。如果企业有知识产权部门,应会同知识产权部门研究确定权利范围。技术交底书要阐述现有技术的基本情况,与现有技术相比较确定本发明创造的创新点。图纸是工程师的语言,因此要准备必要的能够实现本发明创造目的的图纸,这也是技术交底书的内容之一。

第五,在专利代理人建议下,确定专利申请类型。

第六,由专利代理人会同企业相关人员确定专利申请文件。对于发明和实用新型专利,专利申请文件需要确定如下事项:(1)确定专利的名称,专利名称中不得含有非技术词语,如人名、单位名称、商标、代号、型号等,也不得含有模糊的词语,如“及其他”“及其类似物”等。(2)发明名称还有字数的限制,一般不得超过 25 个字,特殊情况下,如化学领域的某些发明可以允许最多到 40 个字。(3)技术研发成果已经相对成熟,需要满足实用性的要求,即该发明创造能够制造或者使用,并且能够产生积极的效果。(4)撰写专利申请文件,包括摘要、权利要求书、说明书、摘要附图、说明书附图等文档(该项工作由专利代理人完成)。

对于外观设计专利,需要准备的资料比发明和实用新型专利要少一些,具体需要准备:(1)外观设计专利名称,专利名称应当与外观设计图片或者照片中表示的外观设计相吻合,一般应当符合国际外观设计分类表中小类列举的名称,一般不得超过 20 个字。(2)需要准备该外观设计的图片或者照片,外观设计专利权的保护范围以在图片或者照片中的该产品的外观设计为准。(3)撰写简要说明,简要说明可以用于解释图片或者照片所表示的该产品的外观设计。

专利申请是一项较专业的工作,因此建议请具有资质的专利代理机构进行申请。

10. 企业如何通过专利布局赢得市场?

企业的竞争最终是知识产权的竞争,专利是知识产权重要的组成部分之一,企业要想在市场竞争中取得优势地位,专利是必不可少的武器。专利布局应该注意以下问题:

(1)基于地域进行专利布局,由于专利具有地域性,应当注意的是专利产品都会销售到哪些国家或者地区,在专利产品进入该国家或者地区之前,应当依据当地的法律在当地申请专利,即“产品未动,专利先行”。

(2)基于技术体系进行立体布局。如果某一技术点较为优良,那么在构建专利防护体系的时候,就不能仅仅基于该技术点进行布局,而需要进一步启发研发人员和专利工程师,从该技术对系统其他方面产生的影响来展开布局,以确保成功构建围绕该技术点的整体专利保护网络。因此,企业在进行专利申请的时候,要首先根据自己的发明创新点确定核心专利,然后围绕该核心专利申请一系列的专利,这样才可以长期保持专利技术优势。

11. 企业如何通过专利挖掘获得高价值专利?

所谓高价值专利,是指有技术价值、法律价值、市场价值、战略价值、经济价值的专利。而专利挖掘是指有意识地对创新成果进行创造性的剖析和甄选,进而从最合理权利保护的角度确定用以申请专利的技术创新点和技术方案的过程。

企业的研发其实就是在于解决大量的技术问题,因此,研发项目是专利挖掘的重点对象。对于大多数中小企业来讲,完全从无到有的研发很少,大部分是围绕现有技术进行改进,这时专利挖掘是指为了解决产品存在的技术问题、缺陷或者不足所进行的专利开发工作,属于技术问题主导型的专利挖掘。在这种类型的专利挖掘过程中,应当紧扣相关的技术问题和缺陷开拓思维,围绕要素关系改变、要素替代、要素省略等方面充分进行横向发散思考和研究,得到解决技术问题的技术改进点,进一步形成创新点,在此基础上形成可以申请专利的技术方案。

12. 技术研发到什么程度可以申请专利?

有些专利申请人在申请专利时存在一个误区,认为假如要申请一个产品专利,必须是该产品制造出来才可以申请专利。其实申请专利并不一定必须制造出来产品才可以。申请专利的最低要求是该技术方案可以实现当初研发时候设定的技术目标。这时该技术方案下的产品可能还存在这样或那样的缺陷,并不完善,也不能批量生产,但是已经符合申请专利的最低要求。

13. 如何确保专利申请前技术不外泄?

专利申请要满足新颖性的要求,简单说就是在提交专利申请文件前,不能将该技术方案公开。企业在研发过程中,对于本企业相关可能涉密的研发人员要与其签订保密协议,在协议中约定具体的保密相关内容。需要注意的是有些科研人员总是在研发有成果后将自己的科研成果以论文形式进行发表,这样也属于公开研发成果,请注意一定要先提交专利申请文档再发表论文。

14. 产品做出来才能申请专利吗？

产品并不是必须做出来才能申请专利，只要是本领域普通技术人员可以通过专利申请文档能够做出该产品或实现该方法，就可以申请专利。一个产品真正可以投入市场是需要一个复杂过程的，首先需要试制测试机，相对比较稳定后，再安装到真实环境的场所进行试运行，在试运行期间，不断发现问题，解决问题，相对比较稳定后，才会定型，最终批量生产投放市场。一般能够做出测试机的时候就可以申请专利，甚至该产品仅仅在图纸上还没真正生产就可以申请专利。

15. 如何选择专利申请的类型？

我国《专利法》规定专利有发明、实用新型、外观设计三种，如果是方法方面的发明创造只可以申请发明专利，不能申请实用新型和外观设计专利。

如果是产品或者是对产品结构进行的改进则既可以申请发明专利也可以申请实用新型专利。

对于既可以申请实用新型又可以申请发明的发明创造，首先采取的方案就是所谓的“双报”，即对自己的发明创造既申请实用新型专利又申请发明专利。一般情况下，因为发明专利和实用新型专利的审查方式不同，如果满足授权条件，实用新型专利将会先授权，后期发明专利经过实质审查后，也满足授权条件，国家知识产权局就会给申请人发通知书，让其选择是否放弃之前授权的实用新型专利，否则发明专利就不会授权。

那为什么还要选择“双报”呢？这是因为如果仅申报实用新型专利，其缺点是实用新型专利的保护期较短，我国《专利法》规定只有 10 年，到期后该专利的权利人将不能再垄断该专利技术，而发明专利的保护期是 20 年，所以如果申请人想尽量长的获得专利保护，只申报实用新型就不能满足该要求，如果申请人仅仅申请发明专利，虽然保护期比较长，但是发明专利的授权期限比较长，目前一般是 1 年多到 3 年甚至更长时间才可以授权。申请人的发明创造在其取得申请日后到授权之前这段时间就不能得到较好的保护，而实用新型专利因为不进行实质审查，其授权期限较短，一般为 4 ~9 个月就可以授权。基于上述考虑，虽然一项发明创造最终只可以获得一项专利证书，但申请人会选择“双报”的申请策略。

如果申请人希望保护的是产品的外观形状及其图案,则可以选择申请外观设计专利。根据现行规定,目前我国对包含图形用户界面产品的外观设计也给予专利权保护,可以对其图形申请外观设计专利。2020年《专利法》修改后,局部外观设计专利也可以获得保护了。

16. 技术交底书怎么写?

之所以有技术交底书这个概念,是由于往往研发人员对于如何将自己的研发成果通过专利来保护不熟悉,这时需要专业的专利代理师对该研发成果按照专利法的要求进行撰写,而技术交底书就是一个研发人员与专利代理师交流的媒介。

通过技术交底书,专利代理师可以理解研发人员的技术方案,然后专利代理师对这些资料进行整理,撰写出能够最好保护该发明创造的专利申请文档。交底书一定要详细到同领域的人看到之后可以同步实现的程度。具体讲:第一,技术交底书要阐明自己技术方案的发明点(创新点、改进点),并对其进行详细描述,它的具体内容是什么,如增加了哪个部件、对哪个部件结构进行了改进等。第二,为什么作出这种改进,即发现了现有技术存在哪些问题,如使用不方便、加工成本高、效率不高等。第三,技术交底书还要阐明对现有技术进行改进以后取得了或能够取得哪些效果,是否解决了前面提到的问题。最好配合附图进行说明。

17. 发明创造需要满足什么条件才能获得专利?

首先,对于发明和实用新型专利而言,需要满足“专利三性”才能获得专利授权。三性是指新颖性、创造性和实用性。其含义如下:

所谓新颖性,是指该发明创造不是现有技术,也不存在抵触申请。判断现有技术的标准是该发明创造在其申请日之前是否被公开,如果在申请日之前被公开了,那就属于现有技术,如该发明创造由单独另外一件专利文件或者单独一篇论文、文章所记载,处于公众想知就可以得知的状态。比如,在图书馆中一本公开出版的著作的一篇文章,将发明创造的技术方案记载,即便从来没人打开看过,也认为是公开了上述发明创造的技术方案,从而丧失了新颖性。所谓抵触申请,是指任何单位或者个人就同样的发明或者实用新型在申请日之前向国务院专利行政部门提出过申请,并记载在申请日之后公布的专利申请文件或者公告的专利文件中。简单说就是申请在前、公开在后的专利申请文件或者公告的专利文件,也会导致该发明创造丧失新颖性。

所谓创造性,是指一项发明创造相对于现有技术而言,对所属领域的技术人员来说是非显而易见的。我国专利法对创造性的要求,对发明而言是要有突出的实质性特点和显著的进步,而对于实用新型而言是具有实质性特点和进步。可见,对发明创造性的要求高于对实用新型创造性的要求。创造性和新颖性有一个前后的逻辑关系,只有在判断满足新颖性后才需要判断是否具有创造性。值得指出的是,新颖性的判断主要依据申请日,客观性较强,实践中问题不大,而创造性的判断,标准是“是否显而易见”,或者说“是否具有实质性特点和进步”,这些语言、标准具有一定的主观性,不同的判断主体可能会有不同的结论,这一点正是专利纠纷中容易发生争议的地方。

所谓实用性,是指该发明或者实用新型能够制造或者使用,并且能够产生积极效果。在产业中的应用是指发明或者实用新型不能是抽象的、纯理论的东西,而必须在实际产业中予以应用,并且能够产生预期的技术效果,但是实用性的判断并不是必须实际制造出来或者使用,而是能够制造或者使用。

其次,对于外观设计专利来讲,其授予专利权的条件,主要是该设计不能是现有设计,也不能是抵触申请。同时不能与他人在申请日以前已经取得的合法权利相冲突。所谓现有设计,是指申请日以前在国内外为公众所知的设计。同时外观设计与现有设计或者现有设计特征的组合相比,应当具有明显区别。在相近似的判断中,一般只能用单独对比原则。而不能将两项或者两项以上在先设计结合起来与被比外观设计进行对比。

18. 企业在提起专利申请前自己公开了技术,还能获得专利授权吗?

因为我国《专利法》规定专利申请需要满足新颖性的要求,不得是现有技术(对于发明和实用新型)或者是现有设计(对于外观设计),所以一般情况下因为在申请日前自己公开的技术,如在学术期刊上发表论文,论文中将该技术方案公开,就会导致丧失新颖性而不能获得专利授权。

但是《专利法》第 24 条规定,满足在中国政府主办的或者承认的国际展览会上首次展出的;在规定的学术会议上首次发表的;他人未经申请人同意而泄露其内容的。在发明创造申请日以前6个月内不丧失新颖性,这个叫作“不丧失新颖性的宽限期”制度。这是《专利法》规定的例外情况。要注意的是国际展览会是指由我国国务院批准举办的国际展览会才能被称为“中国政府主办的展览会”,而不是所有的展览会都不丧失新颖性。我国承认的国际展览会是指根据国际展览会公约规定的在国家展览局注册或者由其认可的国际展览会。其中规定的学术会议是指国务院有关主管部门或者全国性学术团体组织召开的学术会议或者技术会议。而在外国召开的会议不适用该条规定。

19. 企业委托专利代理人提交了专利申请就万事大吉了吗?

有些企业常有种错误认识,觉得已经委托专利代理师全权负责专利申请了,也提出了专利申请,已经获得了专利申请号,就万事大吉了,就可以拿出去宣传了,却不知道专利能不能授权还不一定,而且即使授权了,权利范围有多大,在市场竞争中有没有价值,都不关心,出事儿了才知道问题很大。

企业委托专利代理师提交了专利申请,仅仅是“万里长征走完了第一步”。专利申请文件递交以后,还需要审查员进行审查,即便是外观设计专利或者是实用新型专利也不是百分之百授权,存在补正或者被驳回的可能,对于发明专利因为要进行实审,其授权的概率会更低,往往发明专利申请文件递交国家知识产权局后,审查员会发出审查意见通知书,对发明专利的新颖性、创造性、实用性进行评价。这时候企业的发明人要积极与专利代理师配合,根据审查员的审查意见做好审查意见的答复,争取说服审查员,获得专利授权,而且尽可能争取较大的权利范围。

如果专利申请最终被驳回,企业还要对该申请的技术方案进行评估,看看是否需要提起复审程序,争取授权。如果复审没有成功,企业还要继续考虑要不要向法院提起行政诉讼程序,寻求司法救济。所以在企业委托专利代理师提交了专利申请文件之后,还有不少工作要做。

20. 如何选择专利代理机构和专利代理人?

专利申请是一项相对比较专业的工作,有些企业的技术研发人员对技术非常熟悉和自信,认为凭自己能力就可以独立递交专利申请文件,并不需要找专利代理机构帮忙申请专利。这种认识存在很大问题，专利申请工作不仅要了解技术，同时也要了解法律，才可以更好地保护自己的发明创造。

企业的技术研发人员对自己研发项目的技术非常熟悉，但并不一定熟悉相关的知识产权法律、法规，这样不一定可以最大限度地保护自己的发明创造。比如，权利要求，专利代理师进行撰写时，往往会根据研发人员的技术交底书中的技术方案对其进行归纳总结，找出其上位概念，尽量扩大其保护范围。扩大保护范围随之带来的问题是可能该保护范围把公有领域的技术也纳入保护，这样审查员在审查时可能不会授权，那么既想扩大保护范围，又要提高授权率，就需要撰写从属权利要求（从权），像打仗一样，构筑第二道防线，肯定是从属权利要求比独立权利要求（独权）保护范围要小，但是也有其存在的必要性。从属权利要求的作用是一旦独权不能保住，可以依靠从属权利要求保住该专利，而且防线还可以构筑多道，就是撰写多项从属权利要求，不断收缩防线，最终构建出一套权利范围层次分明的权利要求书。

在撰写技术方案时，专利代理师会对该项技术方案的技术特征进行评估，找出哪些是必要技术特征，哪些是非必要技术特征，对于非必要技术特征就不会写入独权，权利要求书中的技术特征并不是越多越好，技术特征越多可能满足新颖性的几率越大，却会缩小保护范围。所以专业的事情最好还是找专业的人来做，申报专利委托专利代理机构，由专利代理师来撰写专利申请文件是较好的选择。

在选择专利代理机构的时候，要注意代理机构是否具备正规的专利代理资质，具体可以在中华全国专利代理师协会网站查验其资质，网址为 http://www.acpaa.cn/。

从该网站可以查询专利代理机构的相关信息，在申请专利时虽然是与专利代理机构签订代理合同，但是最终该专利申请的撰写是由该代理机构的专利代理师完成的，所以还要选择专利代理师。要注意询问专利代理师的专业是否与本专利申请相关，如让一个化学专业的专利代理师去撰写机械专业的案子肯定不如机械专业的撰写得好。另外，如果企业的该项技术方案对企业而言具有举足轻重的地位，可能构成企业核心专利，是要引领占领市场的，一定要在委托专利代理机构时言明，要求专利代理师认真、谨慎撰写申请文件，即使为此要支出较高的代理费也是值得的。

21. 如何签订一个好的专利代理合同?

企业在确定委托某家专利代理机构以后,就需要与该代理机构签订专利代理合同。代理合同除了写明双方的信息外,主要要对双方权利义务进行明确,作为申请方来讲主要是提供企业营业执照、法人证明、企业法人代表身份证件,如果申请人是自然人则需要提供身份证等信息;如果申请人是企业,则还需要提供具体发明人或者设计人的身份信息;双方初步确定发明创造名称;在专利申请递交国家知识产权局之前,是应该保密的,双方应该约定有关技术方案的保密条款;作为专利代理机构应告知企业在专利申请整个阶段的相关风险,如专利申请需要国家知识产权局依据法律规定进行审查,审查合格后才可以授权,所以专利申请是存在不能授权风险的,如果专利代理师完成了其应尽的义务,这时即便是该专利申请没有授权,企业申请方也需要按专利代理合同约定支付代理费。除了要约定双方权利和义务之外,还应当约定违约责任以及当发生了争议如何解决该争议的方法,也可以约定发生争议后双方起诉的法院。代理合同最后需要双方签字盖章,一般盖章需要该双方单位的公章,法人代表人签字。

22. 专利申请表中如何填写申请人和发明人?

专利申请表中需要填写专利申请人和发明人,这两个身份也很重要,需引起重视。申请人的身份意味着,当该专利申请获得授权后,就是该专利的专利权人。发明人(外观设计时是设计人)是实际完成发明创造的自然人。对于职务发明专利申请来讲,专利申请人是企业,而发明人或者设计人是该企业这项研发成果的实际完成人,是指对发明创造的实质性特点作出创造性贡献的人。在完成发明创造过程中,只负责组织工作,为物质技术条件的利用提供方便的人或者从事其他辅助工作的人,不是发明人或者设计人。对于非职务专利来讲,一般情况下专利申请人就是发明人或设计人,如果非职务专利发明人或设计人不是一人,经过协商一致,也可以约定专利申请人为发明人、设计人中的一人。

对一项专利而言,专利申请人、专利权人是该项专利法律意义上的权利人,可以行使相应的转让、许可、获利等权利。发明人身份是一个身份权,表明该发明创造是由其完成的,但发明人身份权也有经济利益在里面,主要就是获得企业奖励、报酬权。对发明人而言,表明身份这项权利十分重要,对于职务发明而言,企业也应该充分尊重自己职工的发明人身份权，以激励自己的员工为企业作出更多贡献。

23. 如何判断专利申请文件撰写的优劣？

目前国内专利申请文件的撰写质量参差不齐，不少专利申请文件由于撰写不到位或者不规范，导致专利审查周期延长、授权范围小、专利权不稳定，甚至即使发明创造本身具有专利性，也因为撰写质量问题没有取得专利权。申请专利的目的不仅仅是获得授权拿到专利证书。一件好的专利申请文件，不仅仅是拿到授权通知书，在专利授权后，如果专利权人发现他人未经许可生产、销售、许诺销售、使用、进口其专利产品，这属于专利侵权行为。案涉侵权产品是否落入专利保护范围，是判断侵权与否的重要依据，专利保护范围是由专利申请文件中权利要求书的权利要求限定的，权利要求书中的每一项权利要求均是一项技术方案，它划定了该技术方案的保护范围。因此专利申请文件的撰写至关重要。

评价专利申请文件撰写质量的优劣，第一个标准是看权利要求书的撰写质量，较好的专利申请文件其权利要求书的项数不会仅有一项。专利代理师会根据具体发明创造的内容撰写多项权利要求书，采取层层递进的方式保护发明创造。独立权利要求书不能出现非必要技术特征，否则竞争对手就可以通过在技术方案中减少非必要技术特征的方法来规避专利侵权。第二个标准是看说明书撰写的质量，说明书是权利要求书的"字典"，权利要求书是概括性比较强的由技术特征组成的技术方案，有些元器件在没有通用名称的情况下，专利代理师会与发明人沟通后，为其起一个名字，但是其具体的形状构造有时候仅仅通过文字他人不太容易理解，这时候可以通过说明书和说明书附图对权利要求书进行解释。一项质量较好的专利申请，其说明书起码要达到本领域普通技术人员在阅读说明书后，可以实现专利中所载的技术的程度。有时候一些和专利申请相关的技术内容，专利申请人不想申请专利进行保护，但是又担心他人将该技术申报专利，这时就可以把该技术内容在说明书中进行公开，这样其他人保护该技术的专利申请就因为被公开而丧失新颖性，从而无法获得专利授权。

24. 申请和维持专利的费用有多少？

专利申请相关费用见表 1：

表 1 专利申请相关费用

(人民币:元)	发明	实用新型	外观设计
申请费	900	500	500
公布印刷费	50	无	无
实质审查费	2500	无	无
复审费	1000	300	300
无效宣告请求费	3000	1500	1500

专利申请费,该费用自申请日起算 2 个月内或者收到受理通知书之日起 15 日内缴纳。除了上述费用,专利授权后,还应缴纳 5 元印花税以及专利年费,具体发明专利年费见表 2:

表 2 具体发明专利年费

<table>
<tr><td>发明</td><td>第 1 ~ 3 年</td><td>第 4 ~ 6 年</td><td>第 7 ~ 9 年</td><td>第 10 ~ 12 年</td><td>第 13 ~ 15 年</td><td>第 16 ~ 20 年</td></tr>
<tr><td>金额(元)</td><td>900</td><td>1200</td><td>2000</td><td>4000</td><td>6000</td><td>8000</td></tr>
<tr><td colspan="7">实用新型、外观设计专利年费</td></tr>
<tr><td>实用新型</td><td colspan="2">第 1 ~ 3 年</td><td>第 4 ~ 5 年</td><td colspan="2">第 6 ~ 8 年</td><td>第 9 ~ 10 年</td></tr>
<tr><td>金额(元)</td><td colspan="2">900</td><td>1200</td><td colspan="2">2000</td><td>4000</td></tr>
</table>

2020 年 10 月 17 日第十三届全国人民代表大会常务委员会第二十二次会议通过了关于修改《专利法》的决定,外观设计专利保护期限从 10 年延长至 15 年,自 2021 年 6 月 1 日起施行。但是外观设计专利年费最新规定暂时还未公布。

对符合《专利收费减缴办法》(财税〔2016〕78 号)有关条件的专利申请人或者专利权人,其年费等费用可以进行减免,专利年费的减缴期限自授权当年起 6 年内,延长至 10 年内。

对于说明书(包括附图)页数超过 30 页或者权利要求超过 10 项的,需要缴纳申请附加费,金额以超出页数或者项数计算。

25. 怎样合理规划专利费用?

企业的研发是持续进行的,因此随着研发成果的不断产生,专利申请也会不断持续。随着专利申请数量的增多,专利申请费、每年缴纳的年费等费用也是一笔不小的开支,那么如何减少成本呢?

第一，及时学习国家“关于专利收费减缴办法”等相关规范，如果符合减免的相关规定，及时向国家知识产权局申请相关专利申请费用的减免。目前可以减免的专利申请费用主要有申请费、发明专利申请审查费、复审费、自授予专利权当年起 10 年内的年费。

第二，在节流的同时还可开源。专利是企业的无形资产，是企业核心竞争力的体现。企业要充分利用自己的专利资源，如可以将自己专利许可他人使用，收取专利许可费用。例如，U 盘专利发明人 Netac 科技有限公司，其核心基础发明专利“数据处理系统 flash 电子外存储方法及装置”，申请日为 1999 年 11 月 14 日，专利权到期日为 2019 年 11 月 14 日。据统计，这样一个拥有专利权的小 U 盘，2006—2019 年收到专利许可费 3 亿元，收益相当可观。当然，权利人还可以将自己的专利转让出去，一次性获取相关转让费用。另外也可以利用专利进行融资，如用专利向银行进行质押贷款等。

26. 专利申请多长时间能够被授权？

发明专利因为是实审制，授权期限比较长，目前一般是 1 年多到 3 年甚至更长时间才可以授权，平均授权周期是 20.3 个月。而实用新型专利和外观设计专利因为不进行实质审查，其授权期限较短，一般为 4 ~ 9 个月。实用新型专利平均授权周期为 6.4 个月，外观设计专利平均授权周期为 3.2 个月。

我国以及其他一些国家在专利申请方面都有优先审查的规定，开通有专利申请的“绿色通道”。例如，根据我国《专利优先审查管理办法》的规定，对于涉及节能环保、新一代信息技术、生物、高端装备制造、新能源、新材料、新能源汽车、智能制造等国家重点发展的产业；涉及各省级和设区的市级人民政府重点鼓励的产业；涉及互联网、大数据、云计算等领域且技术或者产品更新速度快；专利申请人或者复审请求人已经做好实施准备或者已经开始实施，或者有证据证明他人正在实施其发明创造；就相同主题首次在中国提出专利申请又向其他国家或者地区提出申请的该中国首次申请；以及其他对国家利益或者公共利益具有重大意义需要优先审查的专利申请，可以优先审查，快速授权。

如中国（新乡）知识产权保护中心面向新乡市起重设备和电池产业开启专利审查“绿色通道”，极大地缩短了相关领域专利的授权、确权和维权周期。经该中心预审的实用新型专利 7 天时间即可获得授权，1 个月时间拿到专利证书。

再如,发明名称为“一种以人复制缺陷腺病毒为载体的重组新型冠状病毒疫苗”,该专利申请号为202010193587.8,申请人为中国人民解放军军事科学院军事医学研究院和康希诺生物股份公司,发明人为陈薇等,申请日为2020年3月18日,经提交优先审查请求后,知识产权局于8月11日发出专利授权通知书。

27. 专利申请被驳回后怎么救济?

我国专利申请需要国家知识产权局专利局的审查,经审查符合授权条件的才会授权,并授予专利证书。发明专利申请经申请人陈述意见或者进行修改后,国务院专利行政部门仍然认为不符合《专利法》规定的,应当驳回。外观设计专利申请和实用新型专利申请虽然实行的是初审制,但是也存在因为不符合《专利法》或者《专利法实施细则》而被驳回的情形。专利申请人对国家知识产权局驳回其申请的决定不服的,可以在收到国家知识产权局驳回决定之日起3个月内向复审和无效审理部(原专利复审委员会)提出复审请求。如果专利申请人对复审决定依然不服,还可以自收到通知之日起3个月内向人民法院提起行政诉讼,目前受理该类型案件的法院是北京知识产权法院。

28. 发现竞争对手抢先申请专利,有什么方法阻止吗?

我国《专利法》规定专利申请采取先申请原则,即两个以上的申请人分别就同样的发明创造申请专利的,专利权授予最先申请的人。如果发现竞争对手已经抢先申请了专利,这样一旦对方的专利申请授权,那么对方专利申请保护范围内的技术方案,不经其许可,他人不得实施。那么有没有办法阻止对方抢先的专利申请授权呢?

《专利法实施细则》第48条规定:自发明专利申请公布之日起至公告授予专利权之日止,任何人均可以对不符合专利法规定的专利申请向国务院专利行政部门提出意见,并说明理由。这一“公众意见”制度为社会公众对有异议的专利申请提出质疑提供了渠道,它实质上规定了公众意见提出的主体为任何人,客体为发明专利,时间为公布之日到授权之日,同时也对公众意见的内容进行了限定。《专利审查指南》第二部分第8章第4.9节中“对公众意见的处理”进一步规定如下:“任何人对不符合《专利法》规定的发明专利申请向专利局提出的意见,应当存入该申请文档中供审查员在实质审查时考虑。如果公众的意见是在审查员发出授予专利权的通知之后收到的,就不必考虑。专利局对公众意见的处理情况,不必通知提出意见的公众。”所以发现竞争对手抢先申请专利,如果发现其有不符合《专利法》授权条件的证据,可以通过向国家知识产权局提出公众意见的方法来阻止其获得专利权。

当然,“公众意见”制度不足以完全阻止竞争对手的恶意申请。如果其专利申请成功被授权了,那么企业还可以通过专利无效的途径无效其专利,但需要有证据证明该专利能够满足无效条件中的一种,如缺乏新颖性、创造性、实用性,或者未能充分公开,或者违反法律、社会公德,或者违反《专利法》第 25 条的相关规定等。

29. 企业为什么要获得国外专利?

企业要获得国外专利的最主要的原因是专利的“地域性”。各个国家的专利法均属于国内法,专利权的授予也仅仅在该国范围内有效,即专利权具有地域性。在某一国家获得专利权,并不意味着到其他国家也可以受到专利保护。虽然国际知识产权法发展了若干年,也有许多国际条约规范和保护专利权,但截至目前,还没有一个全球通用的专利条约可以让一国专利在全世界其他国家也有法律效力,《专利合作条约》(PCT,也就是我们熟知的 PCT 专利)也只是在程序上方便专利申请人在多国获取专利权,但它并不是一个专利实体法条约,不能实现专利效力的国际化。随着国家与国家交流的密切,国际贸易发展也非常迅速,国内企业如果希望自己产品打入其他国家的市场,如果自己的产品希望受到目标国专利保护,那么最好是产品所有销售国家和地区均申请专利,这样就可以更好地保护专利产品。

30. 企业如何获得国外专利?有哪些途径?

因为专利权具有地域性,企业的发明创造即便在中国获得了专利保护,在另外一个国家,如果未取得该国专利授权,那么在该国就不能获得专利保护。企业申请国外专利的途径有三种:

第一,单独一一申请,按照目标国专利法的规定准备相关的专利申请材料,向该国专利行政机构递交专利申请文件,经过审查程序获得专利授权。

第二,根据《巴黎公约》向目标国提交申请,可以享有一定的优先权,从而获得更好的保护。

第三,根据《专利合作条约》(PCT)的程序申请专利,PCT途径具有许多优势,比《巴黎公约》程序还能获得更多的程序优惠,在条件允许的情况下是最好的选择。

31. 什么是PCT专利?

所谓的PCT专利,并不是在世界上任何国家通用的国际专利,目前并没有世界通用的专利。标准的说法是,PCT国际专利申请。PCT是指《专利合作条约》,提出PCT国际专利申请的好处是,只需提交一份国际专利申请,就可以向多个国家申请专利,而不必向每一个国家分别提交专利申请文件,为专利申请人向外国申请专利提供了方便。

PCT国际专利申请首先由专利申请人向其主管受理局提交,国际专利申请的语言可以是中文、英语、法语、德语、日语、俄语、西班牙语等。由世界知识产权组织的国际局进行国际公开,并由国际检索单位进行国际检索。如果申请人要求,该国际专利申请由国际初步审查单位进行国际初步审查。

专利申请人只能通过PCT申请专利,不能直接通过PCT得到专利,即它是一个国际专利申请程序法条约。要想获得某个国家的专利,专利申请人还必须履行进入目标国家的手续,由目标国的专利局对该专利申请进行审查,符合该国专利法规定的,授予专利权。

中国知识产权局专利局是中国国民或居民的主管受理局,同时是国际检索单位和国际初步审查单位,因此中国企业提出PCT专利申请是很方便的。另外,中国申请人提出国际专利申请,应当经中华人民共和国国务院有关主管部门同意,并且应当委托涉外专利代理机构办理。中国申请人可以向中国专利局也可以向世界知识产权组织的国际局提交国际专利申请。

32. 企业为何要申请PCT专利?

企业如果想让自己的发明创造在其他国家也受到专利权的保护,需要得到该国专利管理机构的授权。申请PCT专利是获得多国保护的最好途径,在国内也被认为是高价值专利的体现。

申请PCT专利的优势:(1)如果企业想打入多个国家的市场,但不通过PCT

申请,那么需要分别到不同国家递交专利申请文件,而PCT申请只需提交一份国际专利申请,就可以向多个国家申请专利,而且可以享受一个最早的申请日,期限最长可到30个月。(2)因为我国是国际申请中指定的国家局,所以我国企业可以使用中文直接向我国国家知识产权局提出PCT申请,相对比较方便。(3)通过PCT申请,专利申请人可以在首次提交专利申请之后的20个月内办理国际专利申请进入每一个国家的手续;如果要求了国际初步审查,还可以在首次提交专利申请之日后的30个月内办理国际专利申请进入每一个国家的手续。这样便延长了进入国家阶段的时间。在这段时间内专利申请人可以对市场、发明前景等方面进行评估,决定是否进入国家阶段,如果评估结果是否定的,就可以决定不再继续进入国家阶段的程序。(4)只需向受理局而不是向所有要求获得专利保护国家的专利局缴纳专利申请费用,简化了缴费手续,而且比直接向该国申请专利申请费也可能会低一些。

33. 如何申请PCT专利?

申请PCT专利分为两个阶段,第一个阶段是国际阶段,第二个阶段是国家阶段。首先需要向《专利合作条约》认可国家的专利局指定局递交专利申请文件,我国于1993年10月1日递交加入书,1994年1月1日正式生效,我国国家知识产权局成为受理局、国际检索单位、国际初步审查单位。1997年7月1日起PCT适用于中国香港特别行政区。因此在第一个阶段,我国大陆地区的企业选择我国国家知识产权局递交PCT申请文件是很方便的,我国对于PCT申请接受中文和英文两种语言。PCT专利申请文件包括请求书、说明书、权利要求书、摘要、附图和序列表(电子形式)。

中国的单位和个人就其在国内完成的发明提出PCT国际申请的,可以先向中国知识产权局提出中国专利申请;也可以直接提出国际申请。如果企业不准备进入某国获得该国专利权,则也可以不启动第二阶段。如果想获得某国的专利保护,则需要启动PCT申请的进入国家阶段,然后根据该国专利法的规定对该PCT专利进行审查,如果符合专利授权条件,则可以拿到该国针对该发明创造的专利证书。

第二节　专利权属问题

34. 如何确定员工的发明作品是职务发明？

所谓职务发明，是指专利申请人是单位，当该专利申请授权后，专利权归属该单位的发明创造。虽然说职务发明的申请人是单位，但是任何职务发明的实际完成人肯定是自然人，一般是本单位员工或者是借调、兼职、实习等建立临时劳动关系的自然人。要注意员工作出的发明创造并不必然是职务发明。只有执行本单位的任务所完成的发明创造或者主要利用本单位的物质技术条件完成的发明创造才属于职务专利。要注意《专利法实施细则》规定，退休、调离原单位后或者劳动、人事关系终止后1年内作出的、与其在原单位承担的本职工作或者原单位分配的任务有关的发明创造也属于职务发明创造。

实践中，职务发明创造权属纠纷很多，其中很多纠纷原因就在于单位与职工之间在岗位管理、技术研发任务分配、单位对员工激励等方面的关系处理不当造成的。单位在职务发明创造的管理方面必须有一套严格、详细、具体、清晰的管理制度，以防此类纠纷的发生。对此，企业应该聘用专门的知识产权律师基于企业的实际情况制定一套内部管理规章，并严格履行。

35. 如何防范员工跳槽引发的职务发明外泄风险？

企业员工跳槽目前越来越普遍，对于企业跳槽员工作为发明人的发明创造的研发数据、图纸等相关技术资料就有可能被跳槽的员工带走。我国专利申请采取的是先申请制，同样的发明创造谁先向国家知识产权局递交申请文件，就授予谁专利权。这样就存在跳槽员工将职务发明创造的成果抢先申请获得专利权的可能，或者是单位在进行职务发明申请时发现跳槽员工已经将该发明创造的研发成果公开，构成现有技术，那么就无法获得专利权。

防止上述情况的发生有许多途径和手段。

首先，在劳动合同中约定此类事项，单位在与员工签订劳动合同和保密协议时可以约定职务发明权利归属和保密事项及其违约责任。

其次，单位对涉密岗位的管理必须有一套严格的规章制度，对关键技术项目设立密级制度，每一个密级对应相应级别的人员，只有少量的关键人员才能接触项目核心机密，这样就能减少需管控的核心技术人员的数量。

最后，对核心技术人员的管控，除了限制技术外流的保密协议、劳动合同的约定外，还可通过其他方式激励，如股权激励、奖励和报酬等。

职务发明外泄问题一直是实践中比较棘手的一个难题，其高危人群就是企业的技术主管人员，一旦其跳槽，往往会在其他公司实施该项技术，形成强有力的竞争。因此企业应该多方面着手，形成组合拳，处理好与员工在技术研发上的关系，防止纠纷发生，合作共赢。

36. 员工“接私活”产生的发明创造，是职务发明吗？

企业员工“接私活”产生的发明创造是否职务发明创造不能一概而论，不能因为是本单位员工作出的发明创造，就认为一定是职务发明创造，而是要看以下几点：

（1）该员工在本单位的岗位职责是否与该“私活”产生的发明创造有关系。

（2）看该“私活”产生的发明创造与其在本单位接受的工作任务是否有关系。

（3）看员工在完成该“私活”的时候是否利于本单位的物质技术条件。

基于上述三个判断标准，如一个单位的工程师是负责生产灯具的，他接的“私活”是研发出一款更节能寿命也更长的灯具，这个应该属于职务发明创造。而一个单位负责销售灯具的员工“接私活”研发出一款更节能寿命也更长的灯具，如果没有利用本单位物质技术条件，则不能认为是职务发明创造。

37. 企业与合作伙伴共同研发的技术成果，专利权归谁所有？

企业与合作伙伴共同研发的技术成果，应当以双方签订书面合同为准，该合同一般会约定申请专利的权利归属，可以约定合作的各方共有，也可以约定一方所有，另一方有免费实施的权利。如果双方没有签订协议对知识产权的归属进行约定，那么申请专利的权利属于共同完成的单位，申请被批准后，申请的单位为专利权人。

所谓共同研发，一般是各方都会出资，也会派出人员共同参加研发开发，如果仅仅是一方出资，另一方出力，这时双方关系不是共同研发而是委托关系，则所作出的研发成果的归属适用“委托完成的发明创造”的规则。

如果仅有一方的发明人对研发的技术成果的完成作出了突出的实质性贡献，其他合作方没有作出突出的实质性贡献，也不属于共同研发；如果双方没有通过协议对知识产权进行约定，这时只有发明人所代表的一方享有申请专利的权利。

38. 企业委托其他人研发的技术成果，专利权归谁所有？

所谓委托完成的技术研发成果，是指企业提出研究开发任务并提供经费和报酬，由其他单位或者个人进行研究开发所完成的技术成果。企业在委托时一般会签订委托合同。

根据《民法典》第852条的规定，委托开发合同的委托人应当按照约定支付研究开发经费和报酬，提供技术资料，提出研究开发要求，完成协作事项，接受研究开发成果。第853条规定，委托开发合同的研究开发人应当按照约定制订和实施研究开发计划，合理使用研究开发经费，按期完成研究开发工作，交付研究开发成果，提供有关的技术资料和必要的技术指导，帮助委托人掌握研究开发成果。

根据上述规定，受托方是对发明创造作出创造性贡献的一方，如果在委托开发合同中双方对研发的技术成果的申请专利事项没有约定，则专利申请的权利归受托方，专利申请授权后，专利权自然也归受托方。

39. 两人作出同样的发明创造，专利权归谁所有？

实践中很难存在一模一样的发明创造，假如恰好两个人作出同样的发明创造，该发明创造符合《专利法》规定的授权条件，专利权的归属在我国适用先申请原则。所谓先申请原则，是指如果同样的发明创造有不同的人向国家知识产权局提出专利申请，那么专利授予先递交申请文件的申请人。假如两个人的申请日在同一天，《专利法》规定，应当在收到国务院专利行政部门的通知后自行协商确定申请人。协商后确认一方放弃，另一方授权，如果协商不成功的，都驳回。

40. 股东的专利是企业的吗？

不是。根据我国《公司法》的规定，股东是以其投资到企业的资产对企业债务承担有限责任的人。股东是公司的投资人，对公司享有股权，股东可以自己的名义申请专利，在法律上股东和公司都是独立的法律主体。股东的专利权与企业没有必然的关系。

41. 企业如何防范专利转让中的权属风险?

实践中往往有这种情况,A 公司与 B 公司约定买 B 公司的专利,已经签好了合同,结果到了转让的时候,发现 B 公司所谓的专利不在 B 公司名下,而是在其某一个股东名下,导致合同无法履行。

还有这种情况,A 公司收购 B 公司,就是看中 B 公司在技术、专利上的储备,但是 A 公司并没有做专利调查,结果在资产交割时发现 B 公司使用的很多技术的专利权是其某一个自然人股东的,无法收购。

如何防止这种情况的发生?我们知道,专利权属于企业无形资产,不像实物转让那样看得见、摸得着,作为专利转让合同中的受让方在签订专利转让合同时,一定要进行详尽的调查。首先要确定准备转让的专利权是否属于转让方所有。转让方往往会出示专利证书,专利证书显示有专利权人、发明人、设计人等信息。但是专利证书是静态地表现专利的各项信息,在专利授权颁发专利证书后,专利的各项信息还会发生变化,这些变化并不会体现在专利证书中,所以受让人应该不仅仅查看专利证书,还要查询专利登记簿,看看该专利的状态和权属是否还在转让人名下。另外,我国《专利法》规定,专利权有保护期限,并且每年都需要缴纳年费,如果超过了保护期限和没有按时缴纳年费,该专利就会失效,这样的专利权也没有必要再花钱进行转让了。

因此,企业防范专利转让中的权属风险,一项主要的工作就是专利尽调。

42. 有了专利证书就一切没问题了吗?

企业通过提交专利申请文件,经过国家知识产权局的审查,最终拿到了专利证书,是不是就一切没问题了?答案是否定的,获得了专利证书并不表示基于该专利的研发成果就一定能够得到有效的保护,专利权的保护范围是以权利要求书中的权利要求来限定的,权利要求限定保护的范围太大,专利权不稳定,有较大被无效掉的风险。如果权利要求限定保护范围过小,又起不到保护的作用。

另外科技发展是不断进步的,企业不能仅仅靠一个专利就躺赢,如果获得的专利是企业的核心技术,那么就应该围绕该专利技术进行专利布局,形成一系列专利,这样可以有效地保持企业的竞争优势,有利于企业的发展。

最后,专利授权不表明该研发成果就是完全成熟的,由于我国专利申请实行先申请制,企业往往只要在研究设计上初见成效,就会抢着提起专利申请,唯恐落在竞争对手后面而丧失取得专利权的机会。因此专利证书获得后,对该专利技术可能还需要后期进一步完善后,才可以作为一项成熟的专利产品投入市场。

43. 在使用他人专利技术的基础上改进的技术,可以获得专利权吗?

完全划时代的突破性发明创造非常难,也很少,很多中小型企业往往是在使用他人专利技术的时候,发现该专利技术存在一些问题和缺点,为了克服问题和缺点进行了技术改进,这种在他人专利技术的基础上改进的技术如果符合新颖性、创造性、实用性的条件,是可能会被国家知识产权局授予专利权的。

该项在他人专利技术基础上改进获得的专利,称为从属专利。所谓从属专利,根据《北京市高级人民法院关于专利侵权判定若干问题的意见》第 121 条的规定,又称改进专利,指一项专利技术的技术方案包括了前一有效专利即基本专利的必要技术特征,它的实施必然会落入前一专利的保护范围或者覆盖前一专利的技术特征,它的实施也必然有赖于前一专利技术的实施。

因此,在他人专利技术基础上改进的技术,可以获得专利权,但其实施需要获得前一专利权人的授权。也就是说,其拥有的某些专利并不是完全独立的,不能说我拥有某项专利,我实施该项专利技术就一定不侵权。企业应该有这一认识,以防侵权纠纷的发生。

从属专利的存在是技术发展中的必然现象,也造成了企业在市场竞争中往往容易陷入"专利丛林",各个竞争对手之间你中有我,我中有你,犬牙交错,专利战你来我往。这种现象在不同的产业领域表现程度不同,目前电子信息领域较为严重,而在医药领域就好很多。

第三节　专利侵权问题

44. 哪些行为可能构成专利侵权?

对于发明和实用新型专利来说,未经专利权人同意为生产经营目的实施其专利技术的行为可能构成专利侵权。所谓的实施专利不仅包括制造专利产品，还包括使用、销售、许诺销售、进口其专利产品，或者使用其专利方法以及使用、许诺销售、销售、进口依照该专利方法直接获得的产品。

对于外观设计专利而言，未经专利权人许可，不得为生产经营目的制造、许诺销售、销售、进口其外观设计专利产品。如果有这些行为的存在就可能构成侵犯外观设计专利权。

也就是说，专利侵权的行为模式主要有制造、销售、许诺销售、使用、进口这五种，其中许诺销售的意思是将产品放在橱窗、展示柜等中销售，但尚未有人购买，或者在媒体上做广告等行为。

45. 我自己有专利，产品怎么还会侵权呢？

企业对自己的产品已经申请了专利并已经授权，却接到了法院传票，说是侵犯了他人的专利权。这种情况是可能发生的。

第一种侵权的原因是，在我国实用新型专利和外观设计专利采取的是初审制，实用新型和外观设计专利经初步审查没有发现驳回理由的，国家知识产权局就会授予专利权。这就有可能存在两个相同的专利均授予专利证书的情况。这时如果企业的专利申请日在对方专利申请日之后，就会构成专利侵权。

第二种情况是企业自己的专利是在他人具有专利技术的基础上进行改进，获得了专利权，这种专利是属于他人专利的从属专利，它的实施必然会落入前一专利的保护范围或者覆盖前一专利的技术特征，它的实施也必然有赖于前一专利技术的实施，因此即便是实施自己的专利技术，在没有得到在先专利权人许可的情况下也会侵犯他人的专利权。

46. 专利权评价报告有什么用？

专利权评价报告是由专利权人或者利害关系人请求，由国家知识产权局对相关的实用新型专利和外观设计专利进行检索，并就该专利是否符合《专利法》及其实施细则规定的授权条件进行分析和评价，作出的一份报告。

在涉及专利侵权纠纷时，法院或者管理专利工作的部门（现在是当地市场监督管理局）可以要求专利权人或者利害关系人出具该报告，据此评价该专利权利是否稳固。法院和管理专利工作的部门在处理专利侵权案件时,根据专利权评价报告的内容可以决定是否要中止相关程序。

47. 企业购买侵权零部件装配产品,构成侵权吗?

企业购买侵权零部件装配产品,属于一种使用专利产品的行为,无论专利产品在最终产品中是起到核心作用还是仅仅起到次要作用,均构成使用专利产品的行为。这里就要判断企业所购买的侵权零部件是否未经专利权人许可而制造的,如果购买的专利产品是经专利权人许可制造并销售的,用该专利产品装配产品,是专利权用尽,不构成专利侵权行为,否则构成专利侵权。

48. 企业在不知道的情况下销售了侵犯专利权的产品,构成侵权吗?

企业在不知情的情况下销售了侵犯专利权的产品,根据《专利法》的规定,只要是没有经过专利权人许可,也是侵犯专利权的行为。

但是《专利法》也规定了,为生产经营目的使用、许诺销售或者销售不知道是未经专利权人许可而制造并售出的专利侵权产品,能证明该产品合法来源的,不承担赔偿责任。

根据这条规定,企业能够提供合法来源,可以不承担赔偿责任,但侵权仍然是构成的。所谓合法来源,是指通过合法的销售渠道、通常的买卖合同等正常商业方式取得产品。

49. 购进侵权产品放在展厅里或线上展示,还没有卖出去,侵权吗?

将购进的侵权产品放在展厅或线上展示,还没有卖出去,这种行为在法律上称为许诺销售行为。根据《专利法》的规定,未经专利权人许可的许诺销售行为也是一种实施专利的行为,会被认定为专利侵权,同时大部分法院也会支持原告的索赔要求,判决这种侵权行为的实施主体承担赔偿责任。

50. 委托加工的产品侵犯专利权,谁来承担责任?

甲公司委托乙公司加工一批小电器,但这批小电器侵犯了丙公司的专利权,谁来承担侵权责任?丙公司如果起诉,该起诉谁呢?

这种情况下,甲公司和乙公司一般作为共同侵权人,丙公司一般会将二公司作为共同被告起诉。实践中可能有不同的发生样态。如甲公司接受了乙公司加工的货物后自己销售,丙公司可能只是在销售渠道发现甲公司销售的产品侵权,此时乙公司未必会浮出水面,丙公司如果要起诉也是先起诉甲公司销售行为侵权。如果甲公司披露了乙公司,丙公司可以选择追加乙公司为共同被告。乙公司则因制造了侵权产品,同样要承担侵权责任。即使甲公司在乙公司加工产品后未实际接收产品,而是直接由乙公司给市场供货,那么乙公司的制造行为也还是构成侵权,而甲公司作为委托人,也会构成共同侵权。

51. 国内制造侵权产品直接出口,构成侵权吗?

我国《专利法》只规定了未经专利权人许可为了生产经营目的“进口”专利产品构成专利侵权。在我国,《专利法》对专利产品的制造采用的是绝对保护,认定制造专利产品行为构成侵犯专利权的行为没有其他任何先决条件,这是因为制造行为是导致其他所有侵权行为的“源头”。因此,在国内制造侵权产品直接出口,产品不在国内市场流通,出口环节也不是进口行为,但制造行为本身已构成专利侵权。

52. 发明专利和实用新型专利侵权判断标准是什么?

专利侵权判断与民法上其他侵权行为的判断并不完全一样,有其自己的特点。

首先,专利侵权(包括其他知识产权的侵权)遵循“未经许可即侵权”的原则,除非有不构成侵权的事由如合理使用等,这一点与民法上一般侵权行为判断遵循的“过错责任原则”不同。因此,专利侵权(包括其他知识产权侵权)的判断一般不用考虑过错问题(帮助侵权除外)。其次,还要看被告是否实施了法律上规定的侵权行为,即制造、使用、销售、许诺销售、进口等行为。最后,在具体侵权与否的判断上,专利侵权包括其他知识产权侵权的判断往往涉及一个“比对”问题,即要比对权利人的权利对象与涉嫌侵权的对象,如果两者构成相同或相似,往往认定为侵权。

比如,在专利侵权比对时,就是比对专利权利要求和涉诉侵权产品或侵权方法,两者如果构成相同侵权或等同侵权,侵权即成立。而著作权侵权的比对,要对比的是权利人的作品与涉诉作品,如两篇文章、两幅画、两个软件等,看它们的表达是否相同或构成实质性相似。如果是,即构成侵权,否则不侵权。对于商标,既要对比权利人的商标标识与涉诉侵权的商标标识的相似度,还要对比两个商标使用的商品或服务类型。

现在回到该问题的回答,对于侵犯发明和实用新型专利的认定有相同侵权和等同侵权两种。具体比对时是要比对专利权利要求和涉嫌侵权产品或方法的技术特征,如果涉嫌侵权的产品或方法与权利要求相比,技术特征完全相同或多了一个或多个技术特征,就说明其包含了权利要求的所有技术特征,则构成侵权。如果涉嫌侵权的产品或方法与权利要求相比,少了一个或多个技术特征,则不构成侵权。

公众最容易搞错的是,往往拿专利产品与涉嫌侵权的产品去比对,这是不对的。要知道,专利产品可能仅仅是满足了权利要求的众多产品中的一种,即它仅仅是说明书多个实施例中的一种,因此不是比对的对象,权利要求中用技术特征体现出来的"技术方案"才是一个专利的保护对象,决定一个专利权利的保护范围。它是用技术语言体现的法律权利,这正是专利的魅力所在,也是难点所在。为方便大家理解,可以看下面关于相同侵权和等同侵权的判断讲解。

(1)相同侵权

相同侵权,是指在被控侵权产品或者方法中能够找出与权利要求中记载的每一个技术特征相同的技术特征,可以认为构成相同侵权。(如表3所示)

表3 相同侵权的判断

权利要求	被控侵权行为	结论
A,B,C	A,B,C	成立
A,B,C,D	A,B,C	不成立
A,B,C	A,B,C,D	成立
A,B,C,D	a,b,c,d	成立

大写A是小写a的上位概念,其他类同。

(2)等同侵权

相同侵权不成立,并不意味着侵权判断就此结束,还需要进一步判断是否构成等同侵权。相同侵权的判断是一种客观判断,当事人有把握预见法院或者专利管理部门的判断结果,而等同侵权比较灵活,它包含一定的主观性。

所谓等同侵权,是指虽然被控侵权行为的技术特征与专利权利要求中的技术特征不完全一致，却以基本相同的方式，实现基本相同的功能，产生基本相同的效果，并且本领域的普通技术人员无须经过创造性劳动就可以联想到的特征，可以视为等同，构成等同侵权。比如，某变蛋机专利，最后设置了一个回收废料的圆桶，如果被控侵权产品其他技术特征与专利权利要求技术特征均一致，仅仅用一个方形容器替代圆桶回收废料，即可以认为是等同，构成等同侵权。

发明和实用新型侵权判断需要技术基础，更需要专业的法律知识，因此专业门槛较高，没有技术基础的律师往往不愿或不敢涉足该领域，因此遇到专利方面的问题，企业一定要寻找具有技术基础的专利律师代理。

53. 外观设计专利的侵权判断标准是什么？

外观设计专利侵权的判断，也遵循上一个问题关于侵权判断的一般原则，也是未经许可即侵权，也需要看是否有侵权行为，但在具体比对时与发明和实用新型不同。

具体而言，根据我国《专利法》的规定，外观设计专利授权后，任何单位或者个人未经专利权人许可，都不得实施其专利，即不得为生产经营目的制造、许诺销售、销售、进口其外观设计专利产品。与实施发明和实用新型专利相比较，使用外观设计专利产品不视为侵权，也就是说，外观设计专利侵权的行为模式中不包括“使用”这一行为。

另外，关于外观设计的权利范围，外观设计专利权的保护范围以表示在图片或者照片中的该产品的外观设计为准，简要说明可以用于解释图片或者照片所表示的该产品的外观设计。也就是说，外观设计的权利范围是由提交外观设计时的照片或图片来决定的，简要说明可以用于解释权利范围。这个相对于发明和实用新型，更直观、更容易一些，但实践中也有许多棘手的疑难点。且在具体的案件中，外观设计专利侵权的判断还是要在图片或照片的基础上形成大量的文字描述，要对外观设计、侵权产品的外观特点进行总结、概括，也是比较复杂的。而且实践中外观设计侵权的判断还会受到涉案产品设计空间大小的影响，也是一个主观性较强的问题。

还有，在比较外观设计专利是否侵权时，应当以一般消费者的知识水平和认知能力判断。这个一般消费者的知识水平和认知能力是一个虚拟的“人”，这也是主观性较强的一种体现。

最后，判断的标准是，如果被控侵权产品和外观设计专利的图片或者照片相比，在整体视觉效果上无差异的，应当认定两者相同，在整体效果上无实质性差异的，应当认定为两者近似，无论相同还是近似均构成侵权。

54. 侵犯专利权会承担什么责任？

侵犯专利权的行为一般会承担民事责任，具体是可以要求侵权人立即停止侵权行为，包括停止生产、销售、许诺销售、使用，进口，销毁库存的侵权产品及销毁专用于生产侵权产品的模具；同时可以要求侵权人赔偿专利权人受到的损失。但是《民法典》中关于消除影响、恢复名誉、赔礼道歉的承担侵权责任的方式不适用于专利侵权，因为专利权更多是一种财产权，而消除影响、恢复名誉、赔礼道歉等方式适用于人身权，不适用于财产权。

另外，包括专利侵权在内的知识产权侵权还有一个特别的责任规定，即权利人为了维权支付的费用可以在侵权诉讼时提出，如果认定侵权成立，维权合理支出会由侵权人负担。比如，维权的律师费、公证费、差旅费等，但是需要证据充分才能被支持。

还有一种情况也是大家较为关心的，曾有企业或个人咨询，别人告我侵权，但最终未成立，我为了应对侵权诉讼支出了不少费用，可不可以要求原告承担？答案是可以，而且之前这种诉求不能在本案中提出，只能另案起诉。不过 2021 年 6 月最高人民法院发布了《关于知识产权侵权诉讼中被告以原告滥用权利为由请求赔偿合理开支问题的批复》，规定：在知识产权侵权诉讼中，被告提交证据证明原告的起诉构成法律规定的滥用权利损害其合法权益，依法请求原告赔偿其因该诉讼所支付的合理的律师费、交通费、食宿费等开支的，人民法院依法予以支持。被告也可以另行起诉请求原告赔偿上述合理开支。该批复意味着原告的起诉如果构成“滥用权利”，被告可以请求由原告支付其应诉支出，而且是本案中就可以提起。当然，是不是原告败诉了就是“滥用权利”，最高人民法院并未明确，实践中可能又是一个争议点。

55. 侵犯专利权的赔偿数额如何计算？

侵犯专利权的赔偿数额的确定有四种情况：(1) 根据权利人的实际损失；(2) 根据侵权人所获利益；(3) 对于前述无法确定赔偿数额的参照该专利许可使

用费的倍数合理确定。对故意侵犯专利权,情节严重的,可以在按照上述方法确定数额的 1 倍以上 5 倍以下确定赔偿数额;(4)人民法院根据专利权的类型、侵权行为的性质和情节等因素,确定给予 3 万元以上 500 万元以下的赔偿。

需要注意的是,在专利侵权诉讼中,原告要付出较大代价,如调查取证的公证费、律师代理费,这些属于因调查、制止侵权所支付的合理费用,应当计算在赔偿数额范围之内。

特别需要企业知晓的是,2020 年《专利法》《著作权法》修改后,加上 2013 年《商标法》修改,知识产权三大法均已支持"惩罚性赔偿",而且法定赔偿的上限也都提高到了 500 万元,这是我国加大知识产权保护力度的整体要求的体现,也是为了震慑侵权人,保护权利人。

近年来,随着我国知识产权保护与国际保护的接轨,我国部分头部企业加强知识产权保护呼声的加强,我国知识产权保护水平逐渐提高。在知识产权侵权诉讼中,高额甚至巨额赔偿案件逐渐增多,如 2012 年正泰诉施耐德专利侵权案,一审判赔 3.3 亿元,二审调解为 1.5 亿元。2017 年福建省高级人民法院判决三星赔偿华为 8050 万元。2018 年,浙江省高级人民法院判决浙江新和成股份公司诉福建省福抗药业公司、福建省海欣药业公司、俞科侵害技术秘密,判赔 3500 万元。2018 年广东省高级人民法院判决广药集团诉加多宝商标侵权,判赔 14.4 亿元。2021 年,宁德时代诉江苏塔菲尔新能源科技股份有限公司、东莞塔菲尔新能源科技有限公司等侵害实用新型专利,获赔 2330 万元。2020 年著名的"卡波案"也是涉及侵害商业秘密,适用 5 倍顶格的惩罚性赔偿,判赔 3000 万元。还有 2021 年奥克斯诉格力案,宁波市中级人民法院一审判赔 1.67 亿元,等等。即使如此,我国知识产权侵权的判赔额也并不是很高,2016 年美国制药巨头吉利德科学公司(Gilead Sciences, Inc.)赔偿 LLC(Idenix Pharmaceuticals LLC)公司专利侵权损害赔偿额高达 25.4 亿美元。当然,专利侵权判赔额并不是盲目地越高越好,只是企业应该提高知识产权意识,认识到知识产权在企业经营中的重要价值,既保护自身的权利,也防止落入竞争对手的知识产权陷阱之中。

56. 专利侵权惩罚性赔偿如何适用?

知识产权惩罚性赔偿在 2020 年《专利法》《著作权法》修订后,加上 2013 年《商标法》的修改,已经在知识产权侵权案件中基本普及开来,对知识产权侵权具有较大的震慑作用。

就专利侵权惩罚性赔偿而言，它体现在新修订的《专利法》中，规定对故意侵犯专利权，情节严重的，可以在按照权利人受到的损失、侵权人获得的利益或者专利许可使用费倍数计算的数额1～5倍内确定赔偿数额。难以计算赔偿数额的情况下，将法院可以酌情确定的赔偿额从现行专利法规定的1万～100万元，提高为3万～500万元。

专利侵权惩罚性赔偿的适用应当以"故意"和"情节严重"为构成要件。其中，"故意"包括直接故意、间接故意两种情形，"情节严重"包含侵权行为恶性因素。所谓的故意，如专利权人发现侵权行为后，通过发布律师函的方式，告知对方停止侵权，但是被控侵权人继续实施专利，可以认定为故意。"情节严重"可以从侵权行为的客观影响（侵权规模大、持续时间长、对创新动力的损害严重等）以及诉讼行为的诚信程度，是否有掩盖侵权行为、逃脱责任的举动（如故意抗拒证据保全、拒不执行文书提供命令、毁灭证据）等方面来判断侵权行为是否属于"情节严重"。

57. 面对专利侵权，权利人如何维权？

当企业发现自己的专利被人未经许可实施，不能着急去法院或者市场监督管理局进行维权，应该先做好前期的准备工作。首先要对侵权行为进行辨别，先初步判断是否构成侵权，如果认定侵权，首先要做的是证据保全工作，一般来说专利侵权大部分要提供公证的方式进行证据保全，如对网站还有侵权产品的相关信息进行证据保全，对侵权产品进行购买公证。目前区块链技术发展起来后，"时间戳"也成为一种便捷有效的取证方式。

另外，企业等专利权人需要注意，证据保全时既需要保全侵权行为的证据，也要在可能的情况下，尽可能将涉及侵权损害赔偿额计算方面的证据保全下来，以利于侵权诉讼中举证证明权利人损失或者侵权人获利，这样能够得到法院更有力的支持。

由于我国对知识产权的保护实施"双轨制"，即行政保护和司法保护，因此专利权人在固定了侵权证据后，可以通过行政和司法两种途径维权。

行政途径是通过当地的市场监督管理局进行行政查处，这样的好处是借助行政机关的执法权，有时能够获得一些企业自己无法获得的证据，如查处侵权产品藏匿的仓库能够获得有力的侵权人获利的证据。但是行政查处对于侵权损害赔偿只可以调解,不能直接责令侵权人赔偿损失。另一个途径即直接提起专利侵权民事诉讼,专利诉讼既可以要求法院判令对方停止侵权,又可以判令对方赔偿损失。

另外,权利人在专利维权时还有一些制度可以充分利用,即"证据保全""财产保全""行为禁令""书证提出"制度。我国《专利法》第72条规定,专利权人或者利害关系人有证据证明他人正在实施或者即将实施侵犯专利权、妨碍其实现权利的行为,如不及时制止将会使其合法权益受到难以弥补的损害的,可以在起诉前依法向人民法院申请采取财产保全、责令作出一定行为或者禁止作出一定行为的措施。证据保全是为了固定证据,防止侵权证据流失。财产保全是为了保证诉讼胜利后获得赔偿,不过有时财产保全也有证据固定的效果。行为禁令是为了禁止侵权人继续侵权。书证提出制度是民事诉讼程序中的制度,也可用在专利侵权诉讼中,是请求法院责令被告提供书证,如财务会计报告等。临时禁令只是一个暂时维权的手段,临时禁令可以在专利诉讼过程中,判决生效前对侵权人的侵权行为进行制止。对专利权人而言是较为有效的保护方式。

除了上述维权方式,对于进出口环节的专利维权还可以主张"海关保护",即如果发现侵权货品进出口,可以请求海关扣押涉嫌侵权的货品,然后再提起诉讼维权。"海关保护"本质上也是一种临时救济,企业如果想获得海关的强保护,最好的办法是将自己的专利提前在海关备案,这样海关就可以主动监测侵权产品的进出口,而且制度上、成本上都更有优势。

58. 面对专利侵权指控如何抗辩?

当企业收到专利侵权指控,也不要太慌乱,因为法律规定有若干抗辩的理由,最终可能未必构成侵权或者可减少赔偿数额。

首先可以使用的抗辩是不侵权抗辩,采取这种抗辩可以从以下方面着手:

第一,应核查对方专利权的效力,是否是有效的专利。

第二,核实对方是否有诉讼主体资格。

第三,分析自己产品是否落入专利权的保护范围,自己进行初步侵权比对,要注意是用自己产品与对方专利权利要求书中的权利要求进行比对,每条权利要求均是一项完整的技术方案。而不是用自己的产品与专利权人的专利产品进行比对。如果认定有较大区别,那么可以不侵权进行抗辩。

第四,假如经初步侵权比对,本企业产品落入对方专利权保护范围内,还可以检索在对方专利申请日之前是否有和专利产品相同的产品已经公开,如果有则可以用我方生产产品是现有技术来抗辩。

第五,根据我国《专利法》第75条规定,还可以适用“不视为侵权”的几种抗辩。即(1)专利产品或者依照专利方法直接获得的产品,由专利权人或者经其许可的单位、个人售出后,使用、许诺销售、销售、进口该产品的;(2)在专利申请日前已经制造相同产品、使用相同方法或者已经做好制造、使用的必要准备,并且仅在原有范围内继续制造、使用的;(3)临时通过中国领陆、领水、领空的外国运输工具,依照其所属国同中国签订的协议或者共同参加的国际条约,或者依照互惠原则,为运输工具自身需要而在其装置和设备中使用有关专利的;(4)专为科学研究和实验而使用有关专利的;(5)为提供行政审批所需要的信息,制造、使用、进口专利药品或者专利医疗器械的,以及专门为其制造、进口专利药品或者专利医疗器械的。

第六,不侵权抗辩还有一个釜底抽薪的办法,就是对权利人的专利提起无效宣告程序。这是众多专利诉讼中被告经常使用的一种应对方案,尤其是如果涉案专利是实用新型或外观设计,其被无效的可能性较大,一般是要提出无效程序的。如果无效成功,那么原告侵权诉讼就没有了权利基础,自然就会败诉。

上面的各种抗辩理由最终目的都是要证明专利不侵权,但如果都不能成立怎么办?此时还有两种退而求其次的抗辩理由,可以帮助减少损失。

第一,合法来源抗辩。《专利法》第77条规定:“为生产经营目的使用、许诺销售或者销售不知道是未经专利权人许可而制造并售出的专利侵权产品,能证明该产品合法来源的,不承担赔偿责任。”这种抗辩就不属于“不侵权抗辩”了,而是承认侵权,但不用承担赔偿责任。适用这种侵权抗辩,需要被告举证证明产品的合法来源,因此采购合同、出仓单、入库单、发票、物流信息、付款凭证等都可以作为合法来源的证据,这些证据需要形成证据链,能够让法官相信该批产品来源于产品制造商。这就需要我们的企业在日常的经营中规范经营过程,留存好相关证据。

第二,减少赔偿责任抗辩。如果以上办法均不能适用,那么就要退一步进行防御,尽量不承担赔偿责任或者减少赔偿数额。减少赔偿数额可以从证据入手,还可以从涉案专利在侵权产品中的贡献率入手等。

59. 平行进口侵权吗?

所谓平行进口,是指一国的进口商未经在该国享有知识产权的权利人的授权,将由权利人自己或经权利人同意在其他国家或地区已合法投放至市场的产品,进口至该国的行为。我国《专利法》第75条第1项规定:专利产品或者依照专利方法直接获得的产品,由专利权人或者经其许可的单位、个人售出后,使用、许诺销售、销售、进口该产品的,不视为侵犯专利权。这等于承认了平行进口的合法性。不过在实践中,证明平行进口成立需要被告举证,证明其进口的产品确实是经专利权人或者其许可的单位、个人合法售出,即"首次销售"之后又进口,这个证明责任需要由平行进口人承担。

60. 药企如何利用"药品和医疗器械实验例外"(Bolar例外、Bolar exception)豁免责任?

药品和医疗器械是用于预防、诊断、治疗疾病的特殊商品。虽然在我国治疗疾病的方法不能获得专利权,但是药品和医疗器械是可以获得专利权的。在专利权的保护期内,为生产经营目的任何人未经专利权人许可,不得实施该专利,但是过了保护期后,药品专利和医疗器械专利不再受保护,该专利进入公有领域,其他药企可以仿制,不是侵权行为。

但是为了切身维护公众的身体健康和生命安全,国家责无旁贷地为了公众利益而对投放市场的药品和医疗器械进行严格的监管。尤其是药品,任何制药公司在研发出一种药品后,想要投放市场,必须首先向国务院药品监督管理部门提出申请,获得批准方可进行临床试验。完成临床试验并通过审批的新药,由国务院药品监督管理部门批准,发给新药证书。由此可见新药研制需要经两次行政审批,一是对临床试验之前进行的非临床安全性评价研究结果的审批,二是对临床研究结果的审批。经过这些手续,新药才可以投放市场,医疗器械也有与药品类似的监督管理制度。

以上这些程序往往需要几年时间,如果不允许这种例外,就会产生以下结果,即药品专利保护期已经到了,但市场上还是只有原研药一种药品存在,仿制药需要几年以后才会面世,实际上延长了药品的专利保护期。所以《专利法》规定在专利保护期内为提供行政审批所需要的信息，制造、使用、进口专利药品或者专利医疗器械的，以及专门为其制造、进口专利药品或者专利医疗器械的，不视为专利侵权。

这样做的好处是一旦药品和医疗器械过了专利保护期，仿制药企就马上可以把拿到批文的仿制药投入市场，有利于社会公众利益。

61. 如何利用专利无效制度对专利侵权进行抗辩?

我国《专利法》第45条规定，自国务院专利行政部门公告授予专利权之日起，任何单位或者个人认为该专利权的授予不符合本法有关规定的，可以请求国务院专利行政部门宣告该专利权无效。企业在自己产品被控侵权后其中一个抗辩策略就是利用专利无效制度进行抗辩。

专利无效抗辩，是指在专利侵权诉讼程序中，被告主张涉案专利不符合专利法的授权标准而不应受到法律保护，故被告实施的行为(被控侵权产品或方法)不构成专利侵权。这种抗辩直接否定专利权，因此可称为“釜底抽薪”之计，是一种有效的、常用的抗辩方案。

专利无效抗辩比较常用的理由：

(1)抵触申请抗辩，即找到与涉案专利相应的申请在先公开在后的抵触申请，以该专利不具有新颖性为由，主张该专利不符合专利法授权标准，不应受法律保护，被控侵权产品或方法不构成专利侵权。

(2)不具有创造性抗辩，我国不少法院目前接受采用“一篇现有技术文件+公知常识”的现有技术抗辩方式，其实就是对创造性的判断，如果不具有创造性，涉案专利也不应授权，被控侵权产品或方法不构成专利侵权。

(3)以专利本身存在瑕疵抗辩，主要是指涉案专利存在“说明书公开不充分”、“权利要求得不到说明书支持”及“权利要求保护范围不清楚”这三种类型。以涉案专利的上述三种类型瑕疵作为专利无效抗辩。

62. 如何有效利用现有技术和现有设计抗辩应对专利侵权诉讼?

在企业被诉专利侵权后，企业利用现有技术和现有设计抗辩是较常见的手段，现有技术抗辩是针对发明和实用新型专利侵权，现有设计抗辩是针对外观设计专利侵权。

所谓现有技术，是指在专利申请日之前在国内外为公众所知的技术。现有设计是指在申请日以前在国内外为公众所公知的设计。

无论是现有技术还是现有设计，其关键点是该技术在涉案专利的申请日之前被公开，公开可以是出版物公开，也可以是使用公开等其他公开方式。

所谓出版物公开，是指以“书面形式”披露技术信息。出版物不限于印刷的也包括打字的、手写的、电子方式保存的等。而且出版物也不论在国内、国外，其语言可以是任何国家的任何文字，只要公开发表，其内容就足以构成现有技术。公开发表强调的是公众想要知道就可以知道的状态，并不要求公众已经实际获得的状态。常见的出版物主要包括专利文献、科技期刊、书籍、学术论文、专业文献、技术手册、样本、说明书、产品目录及公开的会议记录和技术报告等。

公开的其他方式还有使用公开、销售公开、展示公开、口头公开等。被控侵权企业，要注意对容易灭失的现有技术证据进行保全，如网络上公开的信息，对于保存在手机等媒介的证据注意原始媒介不要损毁丢失。

另外，要注意现有技术抗辩的比对对象为“被诉落入专利权保护范围的全部技术特征”和“一项现有技术方案中的相应技术特征”，现有设计抗辩的比对对象为“被诉侵权设计”和“一个现有设计”。但是找到完全一致的证据概率不高，在审判实践中逐渐承认将一项现有技术方案与所属领域技术人员公知的技术常识的简单组合作为现有技术抗辩的比对对象。

63. 先使用专利技术但没有申请专利，是侵权吗？

由于我国《专利法》规定专利申请采用先申请原则，即“两个以上的申请人分别就同样的发明创造申请专利的，专利权授予最先申请专利的人”，这就可能出现最先完成发明创造并且已经开始实施该发明创造，但由于没有及时去提交专利申请反而没有拿到专利权的情形。在这种情况下，如果允许后来就此发明创造申请并获得专利权的人凭借其专利权制止先用者实施专利，则显失公平。为了避免这种不合理现象，我国《专利法》规定了先用权的概念，即在专利申请日前已经制造相同产品、使用相同方法或者已经做好制造、使用的必要准备，并且仅在原有范围内继续制造、使用的，不视为专利侵权。要注意的是被诉侵权企业以非法获得的技术或者设计主张先用权抗辩的，人民法院不予支持。

64. 企业如何利用合法来源抗辩？

在企业被诉专利侵权，被诉企业利用合法来源抗辩也是一种常见的抗辩方式。《专利法》第 77 条规定："为生产经营目的使用、许诺销售或者销售不知道是未经专利权人许可而制造并售出的专利侵权产品，能证明该产品合法来源的，不承担赔偿责任。"

合法来源抗辩往往出现在销售侵权的情况下，现实中确实有很多企业在采购产品时并未进行知识产权风险防范，而专利权人又最容易在销售环节发现侵权产品，就可能直接起诉销售商，而不管该产品制造者是谁。

销售商往往感觉自己很冤枉，尤其是自己对产品侵权与否确实毫不知情，即他是一种善意的侵权。但专利侵权是不论过错的，无论是恶意还是善意，只要未经权利人许可就是侵权。但对于销售商这种情况，法律还是提供了一个抗辩理由，即合法来源。

但是销售商要主张合法来源抗辩，需要举证证明自己产品的合法来源，形成完整的证据链才可。因此采购合同、出仓单、入库单、发票、物流信息、付款凭证等都可以作为合法来源的证据，这些证据需要形成证据链，能够让法官相信该批产品来源于产品制造商。

企业除了需要拿出证据证明该批产品来源于产品制造商之外，还要证明自己不知道该产品为侵权产品，主观无侵权故意。在实务中，合法来源抗辩是一种较弱的抗辩，因为法律仅仅是规定不承担赔偿责任，并非认定不侵权。所以需要停止使用、许诺销售、销售的行为。为制止侵权行为的合理开支，如诉讼费用、律师代理费、证据保全费用等，专利权人仍然可以要求被诉企业承担。

65. 哪些行为构成假冒专利？

《专利法实施细则》第 84 条规定，下列行为构成假冒专利的行为：(1) 在未被授予专利权的产品或者其包装上标注专利标识，专利权被宣告无效后或者终止后继续在产品或者其包装上标注专利标识，或者未经许可在产品或者产品包装上标注他人的专利号；(2) 销售第(1)项所述产品；(3) 在产品说明书等材料中将未被授予专利权的技术或者设计称为专利技术或者专利设计，将专利申请称为专利，或者未经许可使用他人的专利号，使公众将所涉及的技术或者设计误认为是专利技术或者专利设计;(4)伪造或者变造专利证书、专利文件或者专利申请文件;(5)其他使公众混淆,将未被授予专利权的技术或者设计误认为是专利技术或者专利设计的行为。

应当注意的是,专利权终止后仍然在产品或者其包装上标注专利标识的行为不同于在专利终止前标注专利标识、专利权终止后销售被标识产品的行为,前者构成假冒专利行为要受到行政处罚,后者不是假冒专利。

66. 如何通过行政机关查处假冒专利行为?

《专利法》第 68 条规定,假冒专利的,除依法承担民事责任外,由负责专利执法的部门责令改正并予公告,没收违法所得,可以处违法所得 5 倍以下的罚款;没有违法所得或者违法所得在 5 万元以下的,可以处 25 万元以下的罚款;构成犯罪的,依法追究刑事责任。

当专利权人发现自己专利被假冒,首先要注意对证据进行保全,避免打草惊蛇,假冒的行为需要在产品或者产品的包装上标注本企业所获得专利权的专利号,要注意假冒专利的行为和专利侵权行为并不等同。在《专利法》和《专利法实施细则》所称管理专利工作的部门,是指由省、自治区、直辖市人民政府以及专利管理工作量大又有实际处理能力的设区的市人民政府设立的管理专利工作的部门。随着国家行政机构的调整,目前有权查处假冒专利的行政机构为当地的市场监督管理局,一般该局会设立执法大队等类似机构来处理假冒专利行为。在向行政机构递交投诉材料时要注意提供完善的证据来支持自己的维权要求。

67. 如何正确标注专利标识?

当企业的专利申请授权后,国家知识产权局会授予专利证书,该证书内容有专利号、专利名称、专利申请日、专利权人、发明人或设计人等信息。这时拥有该专利的企业可以在其产品进行专利标识。

根据国家知识产权局发布的《专利标识标注办法》第 5 条的规定,标注专利标识的,应当标明下述内容:(1)采用中文标明专利权的类别,如中国发明专利、中国实用新型专利、中国外观设计专利;(2)国家知识产权局授予专利权的专利号。除上述内容之外,可以附加其他文字、图形标记,但附加的文字、图形标记及其标注方式不得误导公众。

我们会经常看到有些产品上标识有国家专利,侵权必究字样,但是并没有其他标识,这样标识即便该产品确实是已经获得专利授权的专利产品,其标识也是不规范的,具体如下例:

例1:某企业专利产品仅标注,专利产品,仿冒必究。本案例即没有标注专利种类,又没有标注专利号,是违规的。

例2:甲电器商城在其柜台上摆放有某品牌热水器的宣传册,该宣传册上标注有“本产品获国家专利,专利号20133××××××.×”的字样。经查证,该宣传册系专利权人热水器生产厂家乙公司印制,印制时间在专利权有效期内,专利技术内容与其宣传的产品相一致。本案例中的专利标识也是不规范的,因为没有说明专利的种类是哪一种,另外,专利号后应加“ZL”字样。

68. 电商平台企业如何避免专利侵权责任?

随着电子商务的迅速发展,许多企业会通过电商平台进行推广宣传,作为电子商务平台企业,它起到了一个媒介和中间服务商的作用。那么电商平台对于其他企业在自己平台发布的相关信息、销售的专利侵权产品是否承担连带侵权责任呢?

《民法典》第1195条规定:“网络用户利用网络服务实施侵权行为的,权利人有权通知网络服务提供者采取删除、屏蔽、断开链接等必要措施。通知应当包括构成侵权的初步证据及权利人的真实身份信息。网络服务提供者接到通知后,应当及时将该通知转送相关网络用户,并根据构成侵权的初步证据和服务类型采取必要措施;未及时采取必要措施的,对损害的扩大部分与该网络用户承担连带责任。”

总结一下,就是专利权人发现有网络用户正在电商平台实施专利侵权行为,需要通知电商平台企业,电商平台企业接到通知后,应采取删除、屏蔽、断开链接等必要措施,否则承担连带侵权责任。电商平台的这一义务简称“通知—删除”义务。这一规则对电商平台而言具有一种免除侵权责任的功能,因此又称“避风港规则”。

69. 什么情况下会构成侵犯专利权罪?

法律责任中刑事责任是相对最重的,所以《专利法》仅仅对性质比较严重、恶劣的行为才会追究其刑事责任。

具体说,《专利法》第 68 条规定,对于假冒专利的行为构成犯罪的,依法追究刑事责任。具体的刑事责任判断规定在我国《刑法》第 216 条。根据该条文,假冒他人专利,情节严重的,可以构成假冒专利罪,处 3 年以下有期徒刑,并处或者单处罚金。

《刑法》第 280 条规定,伪造、变造、买卖或者盗窃、抢夺、毁灭国家机关的公文、证件、印章的,构成伪造、变造、买卖国家机关公文、证件、印章罪,处 3 年以下有期徒刑、拘役、管制或者剥夺政治权利,并处罚金;情节严重的,处 3 年以上 10 年以下有期徒刑,并处罚金。根据该条文,通过伪造、变造专利证书、专利文件或者专利申请文件的,除了构成假冒专利罪之外,还可能会构成伪造、变造、买卖国家机关公文、证件、印章罪。

70. 专利申请后到获得授权前别人侵犯专利技术如何维权?

由于我国发明专利的审查采取早期公开延期审查制度,这样从发明专利申请被公开到获得专利权中间要经过较长的时间,发明专利申请公布后,第三人通过阅读公布的专利申请文件就可以了解发明内容,因此就有实施该发明创造的可能。在该专利申请授权前,虽然专利申请人由于发明专利未授权,不能获得《专利法》第 11 条的保护,即专利申请人无权要求第三人停止实施其发明,但是,如果这个期间允许第三人任意实施已经公布的发明,就明显对发明申请人不公平,严重损害了发明人的权益,因此《专利法》第 13 条规定,发明专利申请公布后,申请人可以要求实施其发明的单位或者个人支付适当的费用。这个属于一种临时的保护措施。要注意这种临时保护措施,只适用于发明专利公布后到授权前,对于发明专利在申请日到公布日之间,以及申请日到授权公告日之间的实用新型专利和外观设计专利均不适用临时保护。

第四节　专利运用和管理问题

71. 企业如何利用专利管理增加经济效益?

企业拥有的专利是企业无形资产的重要组成部分,是企业的核心竞争力,企业专利管理的优化可以有效增加企业的经济效益。

(1)专利市场化,提高专利转化率

企业要充分运用自己的专利技术,一项发明创造从获得专利证书到真正市场化还需要企业进一步的试制—改进—成形,直到批量投放市场,企业应该让自己的专利技术充分发挥其价值。企业通过将专利技术应用于产品,既可增加产品卖点,又可阻止他人仿冒,还可以提高产品的形象和档次,从而有效地提高产品的竞争力。

(2)专利许可

专利许可模式,已经成为高科技企业重要的盈利模式,如高通公司是通信领域的世界知名企业,其拥有的专利遍布 3G、4G、5G 等领域,每年仅专利许可费收入就高达几十亿美元。自 2000—2013 年年底,高通公司获得的知识产权授权收入高达 3400 亿元。在高通公司的收入中,虽然专利许可费收入占总收入只有 30% 多,但是专利许可费占总利润的比例有 70%,专利许可费的利润率可见一斑。

(3)专利转让

有些企业拥有众多专利,而随着企业的发展,有些专利已经没有多大作用,这些专利要维持其有效,每年必须缴纳年费(专利年费是越往后缴纳费用越高),此时可以考虑转让专利给有需要的企业,实现双方共赢。这也是一种专利管理的有效方式。

(4)研发人员激励制度

企业专利申请授权后,企业应为实际发明人、设计人提供额外的激励,包括物质激励和精神激励。当该项专利转化成产品被市场化后,企业可以依据其推广应用的范围和获得的经济效益,通过产权激励,采取股权、期权、分红等方式,使实际发明人、设计人分享收益,这样可以促使企业研发人员有动力进行更多的研发,使企业的创新不断持续,从而可以间接地增加企业经济效益。

72. 企业如何利用专利期限延长制度?

专利期限延长制度是 2020 年《专利法》修订时新增制度,对于那些关键专利技术,该制度对于企业而言具有重要价值。延迟专利期限需满足条件如下:

首先,对于普通企业,可以利用《专利法》第 42 条第 2 款的规定延长专利期限,适用该款规定需要满足:(1)提出延长申请需自发明专利申请日起满4年,且自实质审查请求之日起满3年后授予发明专利权的;(2)需由专利权人向国家知识产权局提出请求;(3)补偿的原因是该发明专利在授权过程中由于国家知识产权局导致的不合理延迟给予专利权期限补偿,由申请人引起的不合理延迟不予补偿专利期限。

其次,对于医药类企业,延长其专利期限可以利用《专利法》第42条第3款的规定,为补偿新药上市审评审批占用的时间,对在中国获得上市许可的新药相关发明专利,国务院专利行政部门应专利权人的请求给予专利权期限补偿。补偿期限不超过5年,新药批准上市后总有效专利权期限不超过14年。

73. 什么是药品专利链接制度?

药品是与人民健康息息相关的重要产品,也是极易发生专利侵权纠纷的领域,专利侵权纠纷主要体现在原研药企与仿制药企专利侵权纠纷上。所谓的药品专利链接(Drug Patent Linkage),是指将申请审批上市的仿制药与其所仿的原研药(创新药)专利"链接"起来,在仿制药上市前提前解决其可能存在的专利侵权问题。

2020年我国《专利法》修订时新增了该制度,规定在第76条。药品专利链接制度一方面避免仿制药在上市后侵犯专利创新药品的商业利益,打击创新药企的研发积极性;另一方面防止仿制药上市销售、使用后又陷入侵权纠纷,无法继续生产销售,导致对公众利益的损害。

药品上市审评审批过程中,药品上市许可申请人与有关专利权人或者利害关系人,因申请注册的药品相关的专利权产生纠纷的,有两个解决途径,第一是向人民法院起诉,请求法院对申请注册的药品是否构成专利侵权进行判定。第二是行政手段,向国务院专利行政部门请求行政裁决。

国务院药品监督管理部门在规定的期限内,可以根据人民法院生效判决或者是行政部门的行政裁决作出是否暂停批准相关药品上市的决定。

74. 如何利用药品专利期限延长制度?

2020年新修订的《专利法》第42条第3款增加了药品专利期限延长制度,即为补偿新药上市审评审批占用的时间,对在中国获得上市许可的新药相关发明专利,国务院专利行政部门应专利权人的请求给予专利权期限补偿。补偿期限不超过 5 年,新药批准上市后总有效专利权期限不超过 14 年。根据该条款,药品专利期延长需要满足以下条件:(1)具体适用是为补偿新药上市审评审批占用的时间,对在中国获得上市许可的新药相关发明专利;(2)该新药发明专利国家知识产权局不主动延长,而是需要新药发明专利的专利权人向国家知识产权局提出请求;(3)其补偿期限不超过 5 年,新药批准上市后总有效专利权期限不超过 14 年。

75. 中小微企业如何利用专利开放许可制度获取技术支持?

2020 年《专利法》新增了专利开放许可制度。该制度的核心在于,专利权人允许任何人在满足条件的情况下实施其专利,且不得以其他理由阻止他人使用。

中小微企业由于本身资本、规模均较小,如果单独和专利权人谈判可能会处于不利的地位,但是通过专利开放许可制度,需求方能以公开、合理、无歧视的许可使用费和便捷的方式获得专利权人专利许可,这不仅降低许可谈判的难度,同时提高了被许可人进行专利转化的意愿,有利于企业进行更多专利商业化活动。

中小微企业如果想利用开放许可的专利,首先可以检索国务院专利行政部门公开的与自己企业需要的开放专利技术,如果认为该专利的实施有利于增加自己的市场竞争能力,如果是实用新型专利和外观设计专利,需要核实一下其专利权评价报告,判断其专利权是否稳定,在确定专利权稳定之后,需要以书面方式通知专利权人自己实施其专利的意愿,双方签订专利许可合同,这个许可类型应为普通许可,并依照公告或者许可合同约定的许可使用费支付方式、标准支付许可使用费后就获得专利实施许可。

76. 失效专利真的“无效”了吗?

专利失效后就真的无效了吗?答案是否定的。所谓专利失效,是指法律意义上的无效,而非技术意义上的无效。此时,基于专利技术的产品或方法,任何企业和个人均可无偿实施,也可以无偿在其基础上改进,而且此时基于改进技术获取的专利就不会再受制于原来的专利。不过需要注意的是,专利失效前他人的专利侵权行为,即便专利已经失效,也可以追究侵权人的法律责任。

基于专利权人和社会公共利益的平衡,立法者给予专利权一定的保护期限,过了该期限专利权人则失去垄断地位,他人可以不经其许可也不需支付许可费用就可以实施该失效专利。我国发明专利的保护期是20年,实用新型保护期是10年,外观设计专利保护期是15年,均自申请日起算。

专利失效有以下几种情况:(1)专利基于保护期到期失效;(2)因为在专利的保护期内专利权人每年均需要向国家缴纳专利年费,如果专利权人不缴纳年费,则其专利权也会失效;(3)专利因为专利权人主动放弃而失效;(4)因为被提起无效程序,被国家知识产权局宣告无效后,专利会失效。

77. 企业如何利用专利池获益?

专利池制度是专利制度中一个伟大的发明!其出现的原因在于专利许可的重重阻碍,从而阻碍技术创新,专利池就是为了突破这些藩篱,降低企业之间技术合作的成本。

专利池形象来说就是众多专利汇聚一起形成的一个池子,它是专利的集合,最初是两个或两个以上的专利权人达成的协议,通过该协议将一个或多个专利许可给一方或者第三方,专利池的初衷是加快专利许可,促进技术应用。专利池最重要的作用在于它能消除专利实施中的许可障碍,有利于专利技术的推广应用。

每一个专利池都有自己的管理机构和管理规则,一般来说,专利池内的企业都具有专利池会员资格,他们一般都拥有构成专利池的专利,在达成专利池协议之后,他们之间对于专利池中的专利可以轻易获得许可,甚至是免费的许可。而每个专利池对外也有一套自己的规则,如专利池中的专利能够许可给什么样的企业,许可的程序是什么,许可费用标准是什么等,由会员企业共同制定。

企业应该在核心技术的研发中多多投入尤其是对高质量专利更要加大投入。要考虑积极参与技术标准的制定,将企业专利加入相关的专利池,从而在市场竞争中掌握主动权。企业加入专利池不仅会带来专利许可的收益,并且可以使用"专利池"中的全部专利从事研究和商业活动,而不需要就"池"中的每个专利寻求单独的许可。

78. 签订完专利转让合同,专利转让就完成了吗?

专利交易在签订完专利转让合同后,专利权并未发生转移,专利权是一种准物权，所谓准物权，是指以物之外的其他财产为客体的具有支配性、绝对性和排他性，因而类似于物权的民事财产权。专利权由甲公司转让给乙公司，首先双方需要签订书面的专利权转让合同，其次要向国务院专利行政部门登记，最后由国务院专利行政部门予以公告。专利权的转让自公告之日起由甲公司转让给乙公司。这一点有些类似于不动产的转让，即不但要有书面的专利权转让合同，还要在有权的国家机关进行登记和公告，公告之日起转让才生效，专利权才真正转移。

79. 如何签订一个好的专利转让合同？

一份好的专利转让合同要注意以下问题：

(1)需要将双方当事人信息填写清楚、详细，如果是自然人最好附上身份证复印件，如果是企业需要附上企业营业执照复印件。

(2)需要将转让的专利具体信息写清楚，如专利号、专利名称，有没有进行质押等。

(3)需要约定双方权利义务，作为转让方的专利权人，需要在转让前维持该专利的效力，及时缴纳年费，保证该专利没有侵犯他人在先权利。受让人要按合同约定及时支付转让费用等。

(4)如果该专利转让前已经许可他人使用，则需要约定转让合同生效后，后续许可费由谁收取。

(5)还应约定专利转让合同签订后，本专利被无效后，转让费如何处理。

(6)在合同签订后到办理登记之前这段过渡期内，发生诉讼、无效等事宜的处理。

(7)约定履行该合同产生的税费如何承担。

(8)约定违约及索赔的具体内容。

(9)约定解决争议的方法。

好的合同是交易成功的重要保证。一个好的合同能让想违约的企业老老实实履约，而一个漏洞百出的合同会使本来诚信的企业变成流氓。每一个合同都是双方当事人意思自治和反复协商的过程，这个过程中既要考虑双方的风险负担，也要考虑如何达成合作，因此需要反复不断地磋商，本着自愿、公平、双方共赢的原则谈判、签订合同。对企业而言，由于对相关风险把握没有经验，因此签订专利等技术类交易合同，最好聘请知识产权律师进行把关。

80. 专利许可合同中约定“独家使用”有效吗？

专利实施许可合同是技术转让合同的一种。指专利权人许可他人在一定的期限，一定的地区，以一定的方式实施其专利技术而订立的技术合同。

专利实施许可合同可以采取独占实施许可、排他实施许可和普通实施许可三种方式。其中，独占实施许可合同，是指该专利技术只允许被许可人独家实施的专利许可合同，在此种许可模式下，就连专利许可人自己也不能再使用专利技术。排他许可是指仅许可人、被许可人可以使用该专利技术，除此之外其他人不能再被许可使用该专利技术。而普通许可是指在许可人、被许可人之外，其他不特定的主体也可能再通过许可使用该专利技术。

以上三种许可方式是法律有明确规定的，有确定的许可权利内涵，因此含义清晰，在合同中约定时应尽量用这三个术语，这样在发生许可合同纠纷时容易确定双方权利义务。

“独家使用”不是一个准确的法律概念，但实践中经常有企业这样约定。那么独家许可的约定有效吗？回答是有效，但由于其含义不清，不是法律专业术语，在发生纠纷时可能带来多种解释。比如，甲公司和乙公司约定由乙公司独家使用其专利技术，但没过几天，甲公司自己也在使用该专利技术，其产品在市场上与乙公司相互竞争，乙公司就诉甲公司违约。但甲公司辩称，许可乙公司独家使用不等于自己不能使用。乙公司哑口无言。原因就是这个概念不同于“独占许可”，其并没有排除许可人自己使用的必然含义。

因此，独家许可的概念需要企业理解清楚，签订专利等知识产权许可合同一定要咨询或者聘请知识产权律师审查，防止出现不可弥补的损失。

81. 如何签订一个好的专利许可合同？

签订一份较好的专利许可合同需要注意以下方面：

(1)需要将双方当事人信息填写清楚、详细，如果是自然人最好附上身份证复印件，如果是企业需要附上企业营业执照复印件。

(2)需要将许可合同涉及的专利的具体信息写清楚，如专利号、专利名称，有没有进行质押，该许可合同的类型是独占、排他还是普通许可，许可的期限，许可的地域范围等。

(3)需要约定双方权利义务,如在许可合同有效期内年费由谁缴纳,专利权人应保证该专利没有侵犯他人在先权利。被许可人要按合同约定及时支付专利许可费等。

(4)双方应该按照互利原则,明确约定,双方在该专利基础上进行改进的技术成果的归属、分享办法。

(5)还应约定专利许可合同签订后,本专利被无效,许可合同未到期,许可费是否退回。

(6)约定违约及索赔的具体内容。

(7)约定解决争议的方法。

82. 有上市需求的企业应如何进行专利规划?

2020年科创板终止上市的企业共41家,这些终止上市的企业中有20家涉及知识产权问题,占比高达50%。20家终止上市企业涉及的知识产权问题中,知识产权权属问题、与知识产权紧密结合的技术先进性信息披露、知识产权纠纷风险等成为被问询的核心点之一。

对于准备上市的企业来讲,知识产权规划是其上市前的必要环节,其中专利规划是知识产权规划的重要组成部分。不少准备上市的企业因为专利问题导致延缓甚至推迟上市的屡见不鲜。例如,2010年,谋求上市的苏州恒久因专利状态与招股说明书和申报文件中所列示的专利情况不一致,被证监会要求暂缓上市,随后IPO申请被撤销。因为这一事件导致6年之后,历经波折的苏州恒久IPO申请才终获通过。

首先,拟上市企业进行专利规划应该厘清企业专利权属问题,通过专利检索和分析,排除企业专利侵权的风险,对于职务专利处理好与职务发明人的关系,转让和许可方式实施的专利处理好与受让方、许可方的关系。

其次,做好相关专利信息披露工作,根据证监会的要求,对企业所有的专利信息进行真实、准确、完整、及时披露,如签订的专利实施许可合同、是否存在专利纠纷或者潜在的纠纷,都应当明确提示。比如,2007年,浙江三鸥机械股份有限公司就因未披露详细的专利信息,证监会不再对其进行审核,导致该企业上市失败。而松德包装机械股份有限公司在上市过程中也曾遇到专利纠纷,但该公司在招股说明书中详细披露了相关专利诉讼情况，并积极与证监会沟通，从而顺利过会。

最后，要做好企业专利的知识产权评估工作，企业的专利是企业无形资产的重要组成部分，也属于企业的资产，在上市之前应该对其进行评估。

83. 如何利用专利出资入股？

根据《公司法》规定，股东出资的形式不仅包括机器、厂房、货币等，也包括专利、商标、著作权等无形资产。在用专利进行出资时需要注意以下几点：(1)需要对专利进行评估，确定该专利权的价值。专利权的价值应当以评估方式确定。评估时需委托具有资质的专业评估机构对专利权进行评估，评估机构评估后，会出具相应的评估报告。(2)该专利的评估价格需要经其他股东的认可。(3)签订专利权转让合同，并到国家知识产权局办理变更登记。(4)在办理专利权转移登记后，以专利出资的股东将与该项专利相关的技术文件、技术资料等实际交付公司。(5)将股东专利出资等信息在工商登记机关进行登记并公示。

84. 如何利用专利质押融资？

质押分为动产质押与权利质押，专利质押即属于权利质押，通过专利质押，企业可以把无形资产转换成现金流，解决资金难题。

使用专利质押进行融资需要注意以下几点：(1)提交资料相关权属证明材料，专利权人应将专利证书、专利登记簿副本，年费缴纳凭证等与质押贷款书面申请提交给银行。(2)评估作价，与银行沟通后，将专利交银行认可的专业评估机构对企业专利进行评估作价。(3)银行审核，银行根据企业提交的专利资料以及专利权评估结果进行审核。等待审核通过后，双方签订专利质押贷款合同。(4)质权登记，当企业与银行的专利质押贷款合同签订之后，企业还需持相关证件到知识产权管理部门办理质押登记。(5)放款，贷款的银行取得专利质押登记证书后，银行根据贷款合同放款。

值得注意的是，由于专利质量、专利价值判断的困难，目前虽然国家和各地政府鼓励知识产权质押融资，但提供专利质押融资的银行还是不多，而且较为谨慎，一般来说还需要其他资产的抵押等担保。专利质押融资的推进还需要更多的制度保障和激励。

85. 申请中的专利技术能够转让吗？

根据《专利法》第10条第3款的规定，转让专利申请权或者专利权的，当事人应当订立书面合同，并向国务院专利行政部门登记，由国务院专利行政部门予以公告。专利申请权或者专利权的转让自登记之日起生效。可见，专利转让包括专利权转让和专利申请权转让，因此申请中的专利技术也可以转让。

对申请中的专利技术进行转让，首先转让方与受让方应当签订书面的专利申请权转让合同，合同的主要内容包括双方当事人信息，合同名称、准备转让的专利名称、专利种类、专利申请号，发明人或者设计人信息、专利技术图纸等相关资料及其清单、专利未授权风险约定、转让价款及其支付方式、违约条款以及争议解决办法等。专利申请权的转让也应向国家知识产权局办理登记及公告手续，当该申请权转让经国家知识产权局登记公告后，专利申请权转移给受让人。

不过，对于受让人而言，受让一个专利申请权风险是较大的，因为专利申请权最终并不一定转化为一项专利权，它可能被驳回，不予授权。

86. 专利已许可他人使用，还能转让吗？

专利许可和转让都是专利运用的有效途径，但这两种方式实践中非常容易发生纠纷。那么专利已经许可他人使用，还能转让吗？

一般来说，专利许可他人实施，需要签订专利许可合同，如果该专利许可合同对专利权是否可以转让没有特别约定，那么即便该专利已经许可他人使用，专利权人还可以通过与第三方签订专利转让合同将该专利转让。但是双方如果签订专利许可合同时作了特别约定，就不能转让。

如在下述案例中，星港市第五建筑工程公司施工员陈某智设计出“手推式割禾机”，并于1995年5月16日获得国家专利。1995年7月5日，陈某智委托市发明协会协助联系转让该项专利技术并签订了意向书。同年9月，陈某智又与市农机机械厂签订了一份联合生产协议，规定由机械厂独家生产专利产品“手推式割禾机”。陈某智负责技术指导并销售产品，机械厂协助销售。双方每月召开工作会议一次，协商生产计划，利润按5∶5分成。协议有效期5年，在此期间，不得向他人转让该专利技术，任何一方违约。应赔偿对方经济损失。双方还按照《专利法实施细则》第14条第2款的规定，在合同生效的3个月内向专利局备了案。该协议履行过程中，陈某智又根据7月5日达成的意向书与黎某源签订了“手推式割禾机”专利技术转让合同，以5.6万元的价格将该项专利技术转让给黎某源；并于1996年7月16日经国家专利局登记和公告。后来法院基于双方签订的许可合同约定，“在此期间，不得向他人转让该专利技术”，判定转让合同无效。另外，专利许可合同约定的许可方式也会影响专利转让合同的履行。比如，甲公司以独占许可的方式许可乙公司实施其专利，后又将该专利转让给丙公司，但未披露之前的许可合同。那么丙公司受让专利后自己实施该专利，就会与乙公司的专利独占许可实施权发生冲突，此时丙公司虽然受让成为专利权人，却不能正常实施专利，其损失应由甲公司承担。

87. 专利出质后还能许可他人使用吗？

所谓专利出质，就是专利权的质押，质押后的专利权还能许可他人使用吗？答案是肯定的。专利权人在将其具有专利权的专利进行质押后，专利权并没有转移，还归属专利权人，因此即便专利权已经质押，如果出质人与质权人协商达成一致意见，专利权人可以将其再许可他人使用。许可他人使用出质的专利所得的价款，应当向质权人提前清偿债务或者提存。

88. 专利许可他人使用后还能出质吗？

专利权人与他人签订专利许可合同后，专利的权利归属并没有转移，还属于专利权人，而专利权的质押是指专利权人为了担保主债权的实现以其专利权进行质押。如果在签订专利许可合同时双方没有约定专利权不得质押的，即便是专利已经许可他人使用，专利权人仍然可以将其专利权进行出质。

只不过出于诚信的基本原则，专利权人以其专利权出质，应该通知被许可人。

89. 企业如何防范对外技术合作中的风险？

企业对外技术合作需要双方签订技术合作合同，技术合作合同有多种形式，如技术合作开发合同、技术委托开发合同、技术转让合同、技术许可合同、技术服务合同等。专利转让、专利许可、非专利技术的转让和许可都属于技术合作的范畴。

在技术合作合同签订过程中存在的法律风险可分为普通风险和特殊风险。普通风险就是所有的合同都可能适用的风险。特殊风险是指技术保密风险、技术成果归属风险和风险责任承担风险等。

技术保密方面的风险,应注意当事人各方均对情报和资料具有保密义务,还应约定保密的具体内容、期限和泄露技术秘密应承担的责任,双方可以约定,不论本合同是否变更、解除、终止,技术保密条款均有效。

对于技术研发类的合同,还要特别注意技术成果归属的风险,技术成果归属应约定是双方共有还是归某一方所有,如果归一方单独所有,另一方可以免费实施。总之法律的规定是“约定优先”,因此,此类事项最好的办法就是提前在合同中约定,防止纠纷发生。

在技术合作尤其是技术研发中,研发失败的风险是大量存在的,如果研发失败,双方或多方的投入就成了泡影,此时纠纷往往不可避免,因此也需要提前约定风险责任的承担。也就是说,当发生不可归责于任何一方时的意外情况,该风险如何承担,双方也应作明确约定由哪一方承担风险。

第三章　商标管理与风险防控

第一节　商标申请与注册问题

90. 商标仅仅是一个标志吗?

通常来说,我们一提到商标,就会想起由文字、图形、字母、数字等组成的代表某些知名企业的特殊标志。实践中,多数企业用这些特殊标志来与其他企业的商品或服务进行区分,似乎这些由文字、图形、字母、数字等构成的特殊标志本身就是商标,但真的是这样吗?

其实,商标并不仅仅是一个标志。举例来说,我们提起华为,就会想起其绽放的花瓣标志;提起京东,就会想起奔跑的金属狗标志;提起奔驰,就会想起三叉星标志。但若提起某个毫不知名的企业,则很少会有人知道该企业的代表性标志是什么。究其原因,一个企业的商标之所以能够深入人心,本质在于这个企业在市场竞争中产生了一定的影响力,其商标也被赋予了一定的经济价值,商标成为企业维护信誉、开拓市场的竞争工具。所以,商标本质上代表的是企业的影响力和商誉。

长期以来,与专利相比,商标的价值和功能似乎未引起足够的重视,不少企业因未重视商标注册与保护,导致商标被抢注,不得不花高价买回甚至被迫改名。联想公司刚成立时以"Legend"作为自己的商标,因未考虑开拓国际市场,所以很长一段时间未去其他国家注册商标,等计划进军海外市场时,却发现"Legend"商标已经在全球范围内被大量注册。由于收回难度太大,联想最后不得不放弃了号称价值 200 亿元的原英文商标"Legend",改用"lenovo",并为此投入巨额广告和推广费用。无独有偶,2012 年,苹果公司旗下产品"iPad"准备进入中国大陆市场时,却因商标侵权问题止步不前。原来深圳唯冠公司早在 1998

年就已经注册"iPad"商标并设计生产相关产品，苹果公司最终以向深圳唯冠公司支付6000万美元的代价解决"iPad"在中国大陆市场的商标纠纷。

91. 商标与品牌是一回事儿吗？

很多人认为商标就是品牌，品牌就是商标，其实不然，商标与品牌既有区别又有联系。

商标是一个法律概念，品牌更多是一个商业概念。同样作为无形资产，品牌相较于商标有着更为宽广的外延。企业品牌包含了诸多内涵，如商标注册与保护、企业文化、宣传推广、产品或服务质量、消费者的认可等各种内容。

商标和品牌在表现形式、价值来源以及时效上也有着显著区别。从表现形式上看，商标主要以文字、图形、字母、数字、三维标志、颜色组合以及声音等有形产品作为载体；而品牌除了上述有形载体外，还包括品牌的管理、维护、宣传、销售等无形部分。从价值来源上看，商标的价值不仅来源于知名度的大小，更来源于其合法性，注册商标要比未注册商标的价值更大。而品牌的价值主要来源于产品质量和消费者的信任。从时效上看，我国《商标法》规定商标的使用年限为10年，到期后可以通过续展或者宽展继续使用。而品牌的时效则取决于市场，如果市场对品牌的接受度较高，品牌的生命力就比较旺盛；如果市场对品牌的接受度较差，品牌也就失去了生命力。

92. 企业为什么要进行商标战略规划？

商标战略是现代企业的基本战略。商标战略以企业商标价值增值为目标，不断打造企业品牌经营理念，提升商标附加值，促进企业差异化核心竞争力。实施商标战略对中小企业的生存与发展至关重要。

首先，实施商标战略符合新常态下经济发展的主旋律。我国目前正在加速推进创新型国家的建设，经济发展方式和现代市场体系的转变要求经济朝着可持续化的方向发展。中央和地方坚持品牌经济发展道路，市场主体强化品牌经营的发展理念，已经成为"新常态"下我国经济发展的主旋律。

其次，商标战略作为企业发展战略的重要环节，对于企业深入开拓市场空间具有重要意义。消费者越来越依赖于通过品牌来选择商品或服务，一个好的商标战略，有利于推进企业的品牌发展道路，提升消费者的信任度，持续增进消费依赖,为企业拓展更加广阔的市场空间。

再次,实施商标战略有利于企业系统、全面地进行商标保护。一般情况下,企业在开拓新的业务和市场前,都要根据业务的内容、业务发展范围进行商标布局,注册相应商标,避免发生商标被抢注、商标侵权风险。

最后,商标战略可以为企业创造、积累更多的财富。商标是企业的重要无形资产之一,一个好的商标可以质押融资,纾解企业资金困境,既可以通过商标许可进行合理避税,也可通过商标转让为企业带来经济效益。在企业进行并购时,商标作为一种无形资产,其价值往往是巨大的。

不少企业因未实施商标战略或商标战略实施不当而付出惨痛代价,前有联想“Legend”商标域外注册受阻而就此折戟,后有苹果公司旗下“iPad”商标、“滴滴打车”旗下“嘀嘀”商标深陷诉讼纠纷,最后以巨额赔偿收场。实施商标战略能充分、有效地利用商标本身所拥有的功能和它为商标所有人开拓市场所具备的作用,使其服务于企业发展。

当然,企业应如何实施商标战略,实施什么样的商标战略,与企业的规模、经营方针、所处行业等现实状况紧密相关。比如,就商标集中度的不同,有些企业走的是单一商标战略,如华为、苹果、通用电气 GE、娃哈哈等。有些企业则采取商标战略,如宝洁公司,其产品采用多个商标,包括海飞丝、佳洁士、舒肤佳、汰渍、碧浪、潘婷、飘柔等。企业商标战略需要专业人士结合相关要素进行周密规划和部署实施。

93. 商标注册应该满足的一般条件有哪些?

申请注册商标需要满足两类条件:第一类是注册商标的申请人需要满足的条件,第二类是申请注册的商标标识需要满足的条件。

关于注册商标的申请人需要满足的条件。我国《商标法》规定,注册商标的申请人应为我国的自然人、法人或其他组织。如果外国人或者外国企业在中国申请注册商标,应当按其所属国和中华人民共和国签订的协议或者共同参加的国际条约办理,或者按对等原则办理。

关于申请注册的商标标识需要满足的条件:

首先,申请注册的商标标识不得为法律所禁止使用的标志,如我国的国家名称、国旗、国徽、国歌等;

其次,申请注册的商标需为文字、图形、字母、数字、三维标志、颜色组合和声音等,或者上述要素的组合;

再次,申请注册的商标应当具备显著特征,不得与他人在同一种或类似商品或服务上已经注册或者初步审定的商标相同或者近似;

最后,申请注册的商标不得与被撤销或者注销未满 1 年的注册商标相同或类似,但如果在同一种或类似商品上申请注册与因连续 3 年停止使用而被撤销的注册商标相同或近似的商标,则不受这一条件的限制。

上述条件是一个简略的概括,我国《商标法》第 10 条等条文对商标标识有详细具体的规定,总体而言,作为商标标识首先要有显著性,其次是不违反法律的强制性规定,最后是不与他人的标识相混淆。因此企业在申请商标之前需要聘请专业人员(有商标代理资质的律所律师或商标代理机构人员)做好商标标识的违法因素判断和检索,避免与他人商标产生雷同或相似。另外,由于企业名称有时也构成一种商业标志,与商标标识也可能形成权利冲突,企业在商标申请前最好也委托专业人员做一个企业名称检索,防止以后发生商标标识和企业名称的冲突,从而陷入纷争,导致损失,甚至导致商标战略的失败。

94. 如何设计一个好的商标标志?

商标虽然表面上就是一个符号,但企业经过产品宣传和销售、服务消费者等日积月累的使用后,会在这个符号上积累重重商誉,以致一个看似普通平凡的符号却价值连城。届时,企业再想改换标志,将会导致重大损失,这也是在商标法律纠纷中,当事企业往往不惜一切代价也要获得商标所有权的主要原因。比如,"王老吉""乔丹""iPad"等商标纠纷案中,涉诉企业花费巨大的人力、物力和财力,也要去争取一个看似简单的符号。因此,企业在商标申请之初,就应该尽最大可能申请一个最为适合自己的商标。

商标标志设计并非一个简单的 Logo 设计,在遵循美学、市场学、语言学等因素的基础上,还要综合考虑商标的法律特性。

首先,商标标志设计要遵循合法性原则。商标法对于某些标志、图案或文字作为商标的禁用条款作出了明确规定,如不能使用同本国或外国的国旗、国徽、军旗、勋章以及官方检查和证明标志相同或近似的图案或文字,对于违反道德或公共秩序的标志,含有诽谤性的标志,也不能用作商标。另外,商标标志在设计时不得与他人著作权、已注册的商标相冲突。

其次，商标标志设计要遵循显著性原则，并不得与他人的在先权利相冲突。一个具有明显区别性的商标，一旦树立起来，就会在消费者心中留下深刻印象，很多企业不惜花重金聘请专业设计师设计区别于其他企业且又独具特色的本企业商标。因此在商标标识的设计和选择上是颇有考究的。有些商标标识本身就具有较强的显著性，如柯达公司注册的“Kodak”商标，巧妙地利用了发音技巧，臆造了一个子母组合，本身就很显著。联想公司的“Lenovo”商标也是这样一个臆造词汇。像这种臆造的商标本身显著性就很强。还有一些商标是暗示性的，也具有一定的本身显著性，如将“铁将军”注册在防盗门商品上，将“娃哈哈”注册在儿童营养液商品上，暗示了商品和商标的紧密联系，具有良好的寓意，也具有较强的本身显著性。但也有很多商标是描述性商标，如注册在乳品饮料上的“酸酸乳”商标，还有用在涮羊肉上的“小肥羊”商标，这些描述性商标，其本身显著性较低，需要企业在其经营商投入巨大努力，才能在消费者中建立起较高的知名度。

再次，商标标志设计要综合考虑商标标识、产品或服务特点、市场状态、商标法律规范等，最大限度利用法律赋予的空间，尽可能选择辐射范围大、保护力度强的商标，让搭便车者无从下手，让侵权者的侵权性质彰显无遗，降低后续商标维权举证的难度。因此，申请商标注册时除了要申请一个主商标之外，往往还要进行一些防御性商标的注册，如娃哈哈集团除了注册和使用“娃哈哈”商标，还注册了“WAHAHA”“WA HA HA”“哈哈”“哈哈娃”等。

最后，对于初创企业或商标数量还非常少的企业来说，拟新申请注册的商标需综合考虑其是否具有成长为核心商标的潜力，商标标识本身是否具有延展到其他规划发展的领域的潜力，是否适合向不同文化的其他国家或地区延展的可能，是否与企业名称、广告词、商品或服务特别名称、域名等企业其他标志协调。

95. 商标有哪些类型？

目前我国《商标法》认可的商标类型有三类，普通商标（一般商标）、集体商标和证明商标。

根据不同的使用对象，普通商标又分为商品商标和服务商标。商品商标即用于各种商品或者商品的生产、加工、经销等环节的商标,如“宝视达”眼镜、“康师傅”方便面、“格力”空调等;服务商标是指用于服务项目,以此来区别服务提供者的商标,如“盈科”律师事务所、“太平洋”保险等。在商标注册用尼斯分类的45大类中,前34类为商品商标,后11类为服务商标。

注册商标中还有两类特殊的商标,即集体商标和证明商标。

集体商标,是以团体、协会或者其他组织的名义注册,供该组织成员在商事活动中使用,以表明使用者在该组织中的成员资格的标志。比如,“沙县小吃”就是一个集体商标。还有2021年因为商标维权引起轩然大波的“潼关肉夹馍”商标,也是一个集体商标,而且该商标还是一个地理标志集体商标。证明商标则是由对某种商品或者服务具有监督能力的组织所控制,而由该组织以外的单位或者个人使用于其商品或者服务,用以证明该商品或者服务的原产地、原料、制造方法、质量或者其他特定品质的标志。比如,中国乳制品工业协会申请的纯牛乳标志“”,中饮标(北京)安全饮品认证中心申请的安全饮品标志“”等。在我国,许多地理标志产品也注册了证明商标,称为“地理标志证明商标”,如山西老陈醋、绍兴黄酒、五常大米等,2021年同样因为商标维权引起关注的“库尔勒香梨”(文字加孔雀图形那个商标)也是地理标志证明商标。

集体商标和证明商标不是由自然人或某一个企业申请注册的商标,性质比较特殊,其申请、审查、授权、使用等过程不同于普通商标。尤其是地理标志集体商标和地理标志证明商标,由于加入了地理标志的概念,其性质更为复杂。我们的企业在经营过程中也可能会接触到集体商标和证明商标,如果涉及该商标问题,一定要咨询知识产权专业律师,防止出现难以预料的风险。

96. 企业申请注册商标时如何选择商品和服务类型?

为解决商标注册指定使用的商品和服务的分类问题,1957年6月15日,尼斯外交会议达成了《商标注册用商品与服务国际分类尼斯协定》(以下简称《尼斯协定》)。1994年,我国加入《尼斯协定》,成为尼斯联盟成员国。

我国的《类似商品和服务区分表》(基于尼斯分类第十一版)(以下简称区分表)即根据《尼斯协定》而制定。区分表共包括45类,其中1~34类是商品,35～45 类是服务。每个大类别里又分为若干个群组,不同的群组有不同的商品或服务项目。在我国申请注册商标时,每个大类别的商标按照一件商标计费,企业可以选择 10 个具体的商品或服务项目,超出 10 个小项目需要额外支付增补费用。

企业可结合自身主营商品或服务类型,同时考虑未来发展空间选择商品和服务项目,既要能覆盖提供的商品和服务,又要兼顾未来业务拓展需求,充分利用这 10 个具体的商品或服务项目,最大限度保护商标的使用范围,在预算充足的情况下,还可以考虑 45 类全类保护,提前做好商标布局。

97. 地理标志可以注册为商标吗?

目前我国认可的商标类型有普通商标、集体商标和证明商标三类。根据我国《商标法》的规定,地理标志若要注册为商标,只能注册集体商标或证明商标,即地理标志集体商标或地理标志证明商标。

值得一提的是,地理标志本身也是一种知识产权类型,国际上,在 TRIPs 协定中首次将地理标志认定为一种知识产权类别。在我国,对地理标志的保护有国家知识产权局和农业农村部两个部门,经两部门认定的地理标志产品可获得专用标志的保护。而地理标志商标则是将包含地理标志的符号申请注册为商标,又可以获得《商标法》的保护。这是两套不同的、相互平行的保护方式。但也正因如此,当地理标志权利人或使用人与地理标志商标的权利人不同时,实践中往往会发生权利冲突,因此,最好的情况是既申请地理标志保护,又申请地理标志商标的保护,既防止发生权利冲突,也防止他人钻空子。

另外,地理标志注册为商标必须满足以下条件:

第一,必须有地理名称或其他足以代表该地域的标志。

第二,来自这个地域的商品需具备特定的品质和信誉,通常要求具有一定的知名度和美誉度,最重要的是要有可信度。

第三,必须具备特定的自然因素和人文因素,人文因素通常要求具有历史底蕴。比如,贵州茅台酒,从地域范围上看,明确了该酒产自贵州茅台镇;从酒的特点上看,酒色微黄而透明,具有酱香突出、幽雅细腻、酒体醇厚、回味悠长、空杯留香持久的特点;从自然和人文因素上看,茅台酒是中国传统特产酒,有 800 余年的历史,茅台酒的酿造依托于当地独特的气候、水质和酿造工艺,充分展现了自然和人文因素的结合。

除上述条件外，申请注册地理标志商标还有特殊文件要求：

(1)要有地理标志所标示地区的县级人民政府或者行业主管部门授权申请人申请注册并监督管理该地理标志的文件；

(2)有关该地理标志产品客观存在及信誉情况的证明材料，申请人除通过提供县志、农业志、产品志、年鉴、教科书外，还可以通过提供正规公开出版的书籍、国家级专业期刊、古籍等材料证明其地理标志商品的客观存在及声誉情况；

(3)地理标志所标示的地域范围划分的相关文件、材料，相关文件包括县志、农业志、产品志、年鉴、教科书中所表述的地域范围或者是该地理标志所标示地区的人民政府或行业主管部门出具的地域范围证明文件；

(4)地理标志商品的特定质量、信誉或者其他特征与当地自然因素、人文因素关系的说明。

总之，地理标志商标在我国商标法体系中具有较强的特殊性，涉及农牧业、地方特色产品、传统产品的企业可能会遇到该类问题，这类商标问题往往较为复杂，建议聘请专业的知识产权律师介入。

98. 声音商标注册需要满足什么条件？

作为一种非传统商标类型，声音商标随处可见，但我国直到 2014 年实施的《商标法》才将声音商标纳入可注册的商标范围。

声音商标可以由音乐性质的声音构成，如一段乐曲；也可以由非音乐性质的声音构成，如自然界的声音、人或动物的声音；可以单独存在，也可与传统商标相结合而存在。比较有名的声音商标有“中国国际广播电台广播节目开始曲”“Windows 系统启动声”“米高梅公司的狮子吼”“QQ 聊天软件的新消息提示音”等。

声音要想注册成为商标，必须满足以下条件：

第一，不能滥用《商标法》规定的禁用条款，如与我国国歌、军歌相同或近似的声音不能注册为声音商标；

第二，声音商标必须具有显著性和独特性，对于缺乏显著性的声音，如狗吠或猫叫指定在“宠物饲养”上、开启酒瓶的清脆“嗒”声指定在“啤酒”上、过于简单或过于复杂的音调或旋律难以注册为声音商标；

第三，声音商标必须为大众所熟知，具有特定而明确的指向性，使相关公众听到声音就能联想到某个特定的商品或服务。

声音能否成功注册为商标需要从声音的听觉感知、声音效果、使用方式、持续使用时间、使用强度、同业经营者对同类声音的使用情况、相关公众的知晓程度等因素进行综合判定。

99. 哪些三维标志不能注册为商标？

三维标志商标，即由三维要素组成的视觉商标，又被称为“立体商标”。比较知名的三维标志商标有劳斯莱斯车头的飞翔女神、麦当劳线条圆滑大M等。

我国《商标法》规定，以三维标志申请注册商标的，仅由商品自身的性质产生的形状、为获得技术效果而需有的商品形状或者使商品具有实质性价值的形状，不得注册。因此，三维标志申请注册商标有以下三个限制条件：

第一，仅由商品自身的性质产生的形状不能注册为商标，如不能把通用的灯泡形状注册为灯泡的商标、书本形状注册为书本商标、食品中的麻花形状注册为麻花商标。

第二，为获得技术效果而需有的商品形状不能注册为商标，如菜刀是为达到切菜效果而设计的，而不是为了与其他菜刀相区别；三刀头剃须刀的设计是为了使剃须刀头能够根据使用者的面部轮廓变化贴面角度，增大剃须面积，三刀头的三维形状使用在“剃须刀头”商品上具有功能性，无法注册。

第三，使商品具有实质性价值的形状不能注册为商标，如轮胎的形状、钻石的切割面造型，对于轮胎和钻石的生产者、经营者来讲都是不可改变的，不能注册为商标。

100. 颜色组合商标与单一颜色商标是一回事儿吗？

颜色组合商标，是由两种或两种以上的颜色组合而成的商标。颜色组合商标仅由颜色构成，不限定形状，可以用于商品或商品包装的部分或全部，也可用于服务载体或服务场所的装饰、装潢。目前公众所熟知的颜色组合商标有：

金霸王，标样：；实际使用：

渣打银行，标样：；实际使用：

单一颜色商标不属于颜色组合商标的范畴。目前我国不接受单一颜色商标的注册。“颜色耗尽理论”“色差混淆理论”“颜色功能理论”是理论界反对单一颜色商标注册的重要依据。国外比较知名的单一颜色商标有“蒂凡尼蓝”“克莱因蓝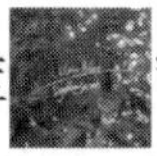”等。

值得关注的是，2010 年，知名时尚品牌 Christian Louboutin 申请在中国领土延伸保护 G1031242 号“使用在鞋底位置的红色”商标（潘通色号 18.1663TP），被国家工商行政管理总局及商评委驳回。经过长达 9 年的争论，2019 年 12 月 25 日，最高人民法院就 Christian Louboutin 与国家知识产权局“红底高跟鞋”商标行政纠纷再审案作出 2019 最高法行申 5416 号裁定，认定“虽然本案诉争商标的标志构成要素不属于《商标法》第八条中明确列举的内容，但其并未被《商标法》明确排除在可以作为商标注册的标志之外”，这意味着单一颜色商标的注册在我国仍具有可期待性。

101. 哪些标志既不能作为商标使用也不能申请注册？

根据《商标法》规定，下列标志不得作为商标注册和使用：

（1）同中华人民共和国的国家名称、国旗、国徽、国歌、军旗、军徽、军歌、勋章等相同或者近似的，以及同中央国家机关的名称、标志、所在地特定地点的名称或者标志性建筑物的名称、图形相同的；

（2）同外国的国家名称、国旗、国徽、军旗等相同或者近似的，但经该国政府同意的除外；

（3）同政府间国际组织的名称、旗帜、徽记等相同或者近似的，但经该组织同意或者不易误导公众的除外；

（4）与表明实施控制、予以保证的官方标志、检验印记相同或者近似的，但经授权的除外；

（5）同“红十字”“红新月”的名称、标志相同或者近似的；

(6)带有民族歧视性的;

(7)带有欺骗性,容易使公众对商品的质量等特点或者产地产生误认的;

(8)有害于社会主义道德风尚或者有其他不良影响的。

县级以上行政区划的地名或者公众知晓的外国地名,不得作为商标。但是,地名具有其他含义或者作为集体商标、证明商标组成部分的除外;已经注册的使用地名的商标继续有效。

102. 地名是否可以注册为商标?

我国《商标法》并未绝对禁止地名注册为商标,《商标法》第 10 条第 2 款规定,县级以上行政区划的地名或者公众知晓的外国地名,不得作为商标。但是,地名具有其他含义或者作为集体商标、证明商标组成部分的除外;已经注册的使用地名的商标继续有效。

县级以上行政区划的地名通常被用来指示地理位置,产地指示用途导致其缺乏显著性,只有当地名脱离地理名称的含义,即获得了“第二含义”时才能发挥商标所具有的显著指示作用。基于此,国家知识产权局和司法机关对“具有其他含义”的认定始终较为严格。

通常来说,包含地名的商标在认定“具有其他含义”时一般考虑两种因素:

第一,该商标经过长期使用已具备较高知名度,相关公众能够将该地名与某种商品或服务连接起来,该地名成为指示商品或服务来源的文字。

第二,该地名与其他文字组合后形成有别于该地名的其他含义。比如,哈尔滨归一啤酒商标案中,北京市高级人民法院认为,哈尔滨虽为县级以上行政区划名称,但申请商标中还包括汉字“归一”,“归一”并非汉语中的固定词语,具有显著性,该商标整体不易被识别为地名,可以发挥表明商品来源的作用。

另外,根据我国《商标法》的规定,乡镇一级的地名可以注册为商标,如 2021 年“逍遥镇胡辣汤”事件中,逍遥镇胡辣汤协会就将一个乡镇地名“逍遥镇”注册为商标。

实践中,行政机关、司法机关对于地名商标的认识和适用并未完全达成共识,此类商标的注册通常较为曲折,为减少获准注册的不确定性,建议企业谨慎选择含地名的标识作为商标。

103. 什么叫“有害于社会主义道德风尚或者有其他不良影响?”

我国《商标法》第10条第1款第8项规定,有害于社会主义道德风尚或者有其他不良影响的标志不能作为商标使用。这一条款也可称为“公共秩序条款”或“公序良俗条款”。由于该条款伸缩性、主观性强,适用空间大,产生多种解释的可能性大,逐渐成为最常适用的商标驳回理由之一,需要格外重视。

社会主义道德风尚指的是我国公众共同生活及其行为的准则、规范以及在一定时期内社会上流行的良好风气和习惯。比如,“黑社会”“土豪”“流氓”“王八蛋”等有损于社会主义道德风尚,不能注册为商标。在行政和司法实践中,官方还常以“格调不高”为由驳回或无效相应商标,如著名的“MLGB”商标案,法院即以含义消极、格调不高最终确定商标无效,涉该商标的公司还申请有“caonima”“草泥马”等商标,都属于这种类型的商标。

“不良影响”是指除有害于社会主义道德风尚之外的情况,一般指标志的文字、图形或者其他构成要素具有贬损含义,或者该标志本身虽无贬损含义,但由于申请人的注册使用,易对我国政治、经济、文化、宗教、民族等社会公共利益和公共秩序产生消极的、负面的影响。例如,与国际组织领导人姓名相同或近似的“甘地”,有损于国家主权的“独港”,与法定货币的图案、名称或标记相同或近似的“美金”,对汉字或成语不规范使用的“左右逢缘”,新冠肺炎疫情下的“雷神山”“新冠”“封城”等都不能注册为商标。

值得一提的是,近年来由于商标恶意注册、抢注现象的大量出现,“不良影响”条款成为阻止恶意商标注册的重要法律依据。因此企业在申请商标注册时必须警惕这种驳回理由,不要为了快速引起公众注意,选择媚俗、崇丑的商标标识,否则被驳回或无效的可能性极大。

104. 哪些标志可以作为商标使用但不得注册?

《商标法》规定,下列标志不得作为商标注册:(1)仅有本商品的通用名称、图形、型号的;(2)仅直接表示商品的质量、主要原料、功能、用途、重量、数量及其他特点的;(3)其他缺乏显著特征的。但如果上述标志经过使用取得显著特征,并便于识别的,可以作为商标注册。

以"陈麻花"商标之争为例，磁器口"陈麻花"是重庆市沙坪坝区磁器口古镇的著名小吃，2017 年 11 月 7 日，陈麻花公司注册"陈麻花"商标，磁器口古镇上另外 5 家麻花商户于 2017 年 12 月至 2018 年 1 月向商标局申请无效宣告。案件经过 4 年争讼，2021 年 12 月，最高人民法院对"陈麻花"商标之争作出(2021)最高法行再 255 号判决，认为基于公众对"陈麻花"的认识和当地经营者对"陈麻花"标志的使用状况等事实，"陈麻花"商标申请注册时，已不能区别具体的麻花商品的生产、经营者，从而发挥商标应有的识别功能，缺乏显著特征的标志，不得作为商标注册。

再如，两面针是两面针牙膏的主要原料，但"两面针"这一商标通过使用而具有了显著性，使得一般公众可以直接将"两面针"牌牙膏与其生产者对应起来，所以"两面针"得以成为注册商标。类似的案例还有"小肥羊"等。

105. 一个常见的通用词汇可以注册为商标吗?

常见的通用词汇作为公共资源，任何人都可以使用。但生活中我们不难发现，常见通用词汇注册为商标的情形不可胜数，甚至在某些大型企业还相当普遍，其中还包括一些将"商品名称"申请注册商标的情况。

通用词汇能否注册为商标不仅要看词汇本身，还要将其与使用的商品联系起来，未使用过的通用名称是无法作为商标注册的，但是经过使用取得显著特征的可以注册为商标。例如，"Apple"一词很难注册在苹果或者果汁上，因为它是一个描述产品原材料的通用名称，一旦获准注册，会给其他商家带来巨大影响，但"Apple"注册在手机、电脑上确有显著性，便可以获得注册。

有的商标用着用着就成了通用词汇，这叫"商标淡化"。比如，经典的"热水瓶""U 盘"等案，就是从商标淡化成了通用词汇，当年"JEEP"在中国被翻译为"吉普车"，差点儿成为越野车的代名词，经过商标部门特殊的保护才保住了这一商标。Google 目前已成为全球最大的搜索引擎，2006 年 7 月，首字母小写的"google"被《韦氏大学词典》收入，变成了"通用词"。可也有通用词汇用着用着就成了商标，商标法上称作"产生了第二含义"，"苹果"就是最典型的例子，还有"瓜子"作为一种食品的通用名称，用在二手车经纪服务上，则成为一个注册商标。

这两个现象十分值得我们的企业关注，企业在做大做强品牌时花费巨额资金和精力宣传品牌、商标，目的就是提高品牌、商标的识别度，商标法上叫“显著性”，这样消费者就能将你的商标、品牌与你的企业联系起来，但在品牌、商标特别知名之后，又要防止被“淡化”，最终沦为通用名称。那么，企业如何做才能使自己的商标不被淡化呢？答案就是：商标维权＋宣传指引！千万不要等消费者已经默认你的商标为通用名称了才想起来维权，那样的话，辛苦数十载积累的商标、品牌就会归于无形。从这个意义上来说，商标维权有时还具有相当于甚至高于广告宣传的功能，一个大企业的商标官司往往会引起全社会的热议，实际上是一个宣传自己商标、品牌的大好时机。

106. 企业注册商标时需要全类注册吗？

企业注册商标时应从以下几个方面考虑商品或服务类别的选择：

第一，企业目前实际从事的业务。企业目前实际生产销售的产品或实际从事的服务所属类别是最需要保护的核心类别，若未申请注册或未取得注册，则会处于“裸奔”状态，面临商标被抢注或者侵权的风险。

第二，企业未来可能拓展的业务类别。企业若要获得长足发展，必须考虑未来3～5年可能拓展的业务领域，并提前进行商标布局，未雨绸缪，免于日后发展受限。

第三，关联或类似行业的类别。现有《类似商品和服务区分表》根据功能用途、销售渠道等方面将不同商品和服务划分为不同的类别，但企业在实际生产经营中，仍有很多不同类别的商品和服务存在混淆的情形，如软件产品（第9类）与软件设计服务（第42类）就非常容易混淆。

第四，具有消极影响的类别。对于食品类商标而言，农药化肥、马桶及其清洁剂等属于对自己有消极影响的类别。对于知名度较高的品牌来说，扩大注册类别可以防止“搭便车”“弱化”“丑化”“淡化”等商标侵权风险。

企业在挑选注册类别时应当根据当前的实际经营情况，同时结合市场前景、企业发展战略，尽可能扩大注册类别范围。如果不希望别人在任何领域使用自己的商标，也可以在办理商标注册时指定所有类别的商品及服务，进行全类注册，全类注册能够为企业多元化、集团化发展奠定基础。

107. 为什么商标注册前要检索？

《商标法》规定，申请注册的商标不得与他人在先注册的商标相同或近似，同时《商标法》第 10 条、第 11 条列举了不得作为商标使用和注册的标志种类，如不符合上述要求，商标注册申请就会被驳回。根据商标局公布的数据，申请商标注册的驳回比率为 50% ~70%。商标审查周期平均为 4.5 个月，加上受理流程，一件商标从提交到收到审查结果至少需要半年，在商标注册申请被驳回之后，如果再进行商标修改，前期投入的人力和财力成本等都将付之一炬。

在提交商标注册申请前进行商标检索，不仅能够筛选出相同或者近似商品或者服务上是否存在已注册或已申请的相同或近似商标注册，降低商标注册被驳回的风险，还能查询拟申请的商标是否符合《商标法》的规定、商标是否构成侵权的问题。

以“嘀嘀打车”侵权风波为例，“滴滴出行”刚上市的时候名称为“嘀嘀打车”，杭州妙影微电子有限公司以北京小桔科技有限公司使用“嘀嘀打车”侵犯了其第 9 类“嘀嘀”注册商标专用权为由将其诉至法院。最终，北京小桔科技有限公司以 8000 万元赔偿和解结案，并将“嘀嘀打车”更名为“滴滴打车”。通过本案不难发现，如果北京小桔科技有限公司在使用“嘀嘀打车”之前通过商标检索发现在先权利冲突，并尽早采取措施进行规避，就可以避免陷入侵权纠纷和赔偿。

108. 商标申请注册的流程是怎样的？

商标注册从提交申请到取得商标注册证书，至少需要经历国家知识产权局商标局形式审查、实质审查、初步审定并公告以及注册公告这四个环节，对于提交材料不符合要求的，还可能经历复审、异议、驳回复审、行政诉讼等环节。图 1 为商标注册流程：

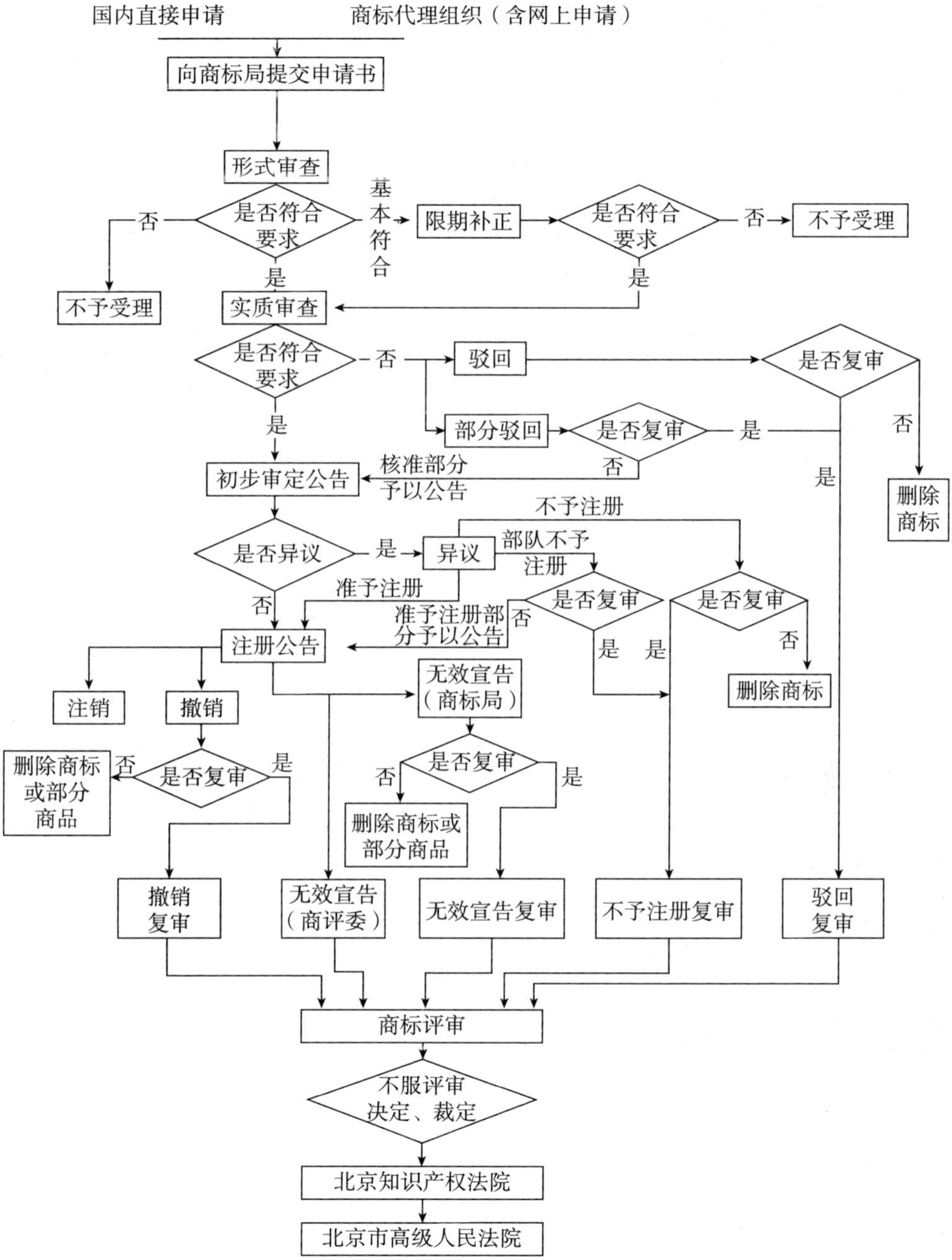
国内直接申请
商标代理组织（含网上申请）
向商标局提交申请书
形式审查
是否符合要求
基本符合
限期补正
是否符合要求
否
不予受理
否
不予受理
是
实质审查
是
是否符合要求
否
驳回
是否复审
部分驳回
是否复审
是
否
删除商标
是
核准部分予以公告
否
初步审定公告
是否异议
是
异议
不予注册
部队不予注册
准予注册
是否复审
是否复审
否
准予注册部分予以公告
否
是
是
否
删除商标
注册公告
注销
撤销
无效宣告（商标局）
删除商标或部分商品
否
是否复审
是
是否复审
否
是
删除商标或部分商品
撤销复审
无效宣告（商评委）
无效宣告复审
不予注册复审
驳回复审
商标评审
不服评审决定、裁定
北京知识产权法院
北京市高级人民法院

图1　商标注册流程

109. 商标注册的费用是多少？

根据国家知识产权局商标局官方网站发布的商标申请《规费清单》，商标申请注册的费用见表4：

表4 商标申请注册的费用

收费项目	纸质申请收费标准（按类别）	接受电子发文的网上申请收费标准（按类别）
受理商标注册费	300元（限定本类10个商品。10个以上商品，每超过1个商品，每个商品加收30元）	270元（限定本类10个商品。10个以上商品，每超过1个商品，每个商品加收27元）
补发商标注册证费	500元	450元
受理转让注册商标费	500元	450元
受理商标续展注册费	500元	450元
受理续展注册迟延费	250元	225元
受理商标评审费	750元	675元（待开通）
变更费	150元	0元
出具商标证明费	50元	45元
受理集体商标注册费	1500元	1350元
受理证明商标注册费	1500元	1350元
商标异议费	500元	450元（待开通）
撤销商标费	500元	450元（待开通）
商标使用许可合同备案费	150元	135元

110. 商标注册要花多少时间？

商标注册周期是商标申请至核准注册的周期，不仅包括 4 个月的平均审查周期，还包括 3 个月的法定异议期、排版商标初步审定公告、注册公告和制发注册证的必要时间。

我国《商标法》规定，对申请注册的商标，商标局应当自收到商标注册申请文件之日起 9 个月内审查完毕，符合本法有关规定的，予以初步审定公告。

2021 年 5 月 10 日，国家知识产权局发布《国家知识产权局关于深化知识产权领域“放管服”改革优化创新环境和营商环境的通知》（国知发服字〔2021〕10 号），通知要求，到 2021 年年底，商标注册平均审查周期稳定在 4 个月以内，一般情形商标注册周期由 8 个月压缩至 7 个月。

111. 为什么说企业一定要进行商标监控？

随着我国知识产权强国建设的逐步推进，企业的知识产权保护意识较之前有了很大提升，一些走在前列的企业开始进行商标战略布局，不仅包括商标防御布局、商标地域布局，还会进行商标监控。

商标监控是维护企业商标权益的有效方法之一。通过商标监控，不仅可以及时掌握企业的商标动态，包括商标续展时间、注册商标被申请异议、被提出连续 3 年不使用申请撤销、商标被人提起无效申请等情形，还可以在最短时间发现他人申请的相同或近似商标，及时提出异议，提前消除相同或近似商标给商标权人带来的潜在危害。我们接触到的一个企业就出现了这种情况，一个竞争对手对其商标提起了无效申请，结果由于邮局邮递员的过错，商标局的评审通知、举证通知等材料未能送达给企业，导致企业未能参加无效评审阶段的审理，在无效决定结果已经作出后，企业才从第三方渠道得知自己的商标被人无效掉，于是匆忙提起行政诉讼，但最终商标被无效。当然，无效的结果并不完全由程序的漏洞决定，但其中未能正常参与评审阶段的评审是一个无法弥补的失误，因为评审阶段是无效审理的第一阶段，在国知局已经作出决定的情况下，通过诉讼改变结果就变得更难了。反过来，如果企业有商标监控，那么即使邮递员有失误，也能从商标动态信息上及时得知无效申请事宜，迅速作出应对。

此外，进行商标监控，对于全面了解市场动态，及时打击对市场中存在的商标侵权行为,如擅自使用企业注册商标的商家、假冒伪劣产品等行为,维护企业合法权益具有重要意义。在全面了解市场动态的过程中,通过对行业发展趋势的关注与分析,企业可以及时调整经营战略,促进品牌保护与持续发展并重。

112. 商标注册成功后可以一直使用吗?

注册商标有一定的使用期限,期限届满的,需要办理续展手续延长商标使用期限。

我国注册商标的有效期为 10 年,自核准注册之日起计算。对于有效期届满的商标,企业如果需要继续使用,应当在商标有效期限届满前 12 个月内按照规定办理续展手续。在此期间未能办理的,商标局可以再给予 6 个月的宽展期。宽展期届满后仍未提出续展申请的,商标局将注销其注册商标。

商标每次续展注册的有效期为 10 年,自该商标上一届有效期满次日起计算。商标续展不限制次数,也不会颁发新的商标证书,但会发放续展证明,续展证明和商标注册证一并使用。

113. 商标注册申请被驳回了怎么办?

企业申请注册商标并非一帆风顺,企业提交的申请材料如果不符合《商标法》等法律、法规、规章的要求,很大概率会面临被驳回的风险。但商标注册申请被驳回,并不意味着商标注册之路就此终止。

商标注册申请人如果对商标局的驳回申请不服的,可以自收到驳回申请的通知之日起 15 日内向商标评审委员会申请复审,请求商标评审委员会进行二次审查,这就为商标的初步审定程序增加了一次救济机会。

值得注意的是,复审申请必须在收到通知之日起 15 日内向商标评审委员会提出,在此期间,商标注册申请人需要撰写复审材料,搜集有效证据,时间非常紧迫,所以最好能够找专业的商标代理机构或律师事务所全权办理,复审通过的可能性会更大一些。

114. 发现别人抢注商标怎么办?

当企业发现自身已有的在先权利被侵犯,遭遇商标抢注时,有以下三种处理方式:

第一,对于已经被申请,但商标局尚未核准注册的商标,企业可以在公告期内及时提出异议,要求该商标不予注册。提出异议的时间在抢注商标获得初步审定的公告之日起3个月内。

第二,对于已经取得核准注册的商标,或者异议请求未获得支持的,企业可对该注册商标提起无效宣告请求。无效宣告请求需在抢注商标被核准注册之日起5年内提出。但对于恶意注册驰名商标被提起无效宣告请求的,不受5年时间的限制。

第三,对于已经注册且连续3年未实际投入使用的商标,申请人可以注册商标连续3年未使用为由提起撤销申请。

115. 没有注册但一直使用的商标标志受法律保护吗?

我国法律对于未注册商标标志的保护分为三种,未注册的普通商标标志、未注册的知名商标标志和未注册的驰名商标标志,上述三种未注册的商标标志根据其知名度不同,法律保护的条件也不尽相同。

首先,对于未注册的普通商标标志而言,若要获得法律保护,其商标抢注对象需限定在与未注册商标有接触的对象范围内,即代理人、代表人或合作方、业务对象等,对于未接触过的其他人则不在限制之列。

其次,未注册的知名商标是指尚未达到驰名商标的认定标准,但具备一定影响的商标标志。对于未注册的知名商标标志而言,只要该标志在中国境内有实际使用,且有证据表明其有一定的持续使用时间、使用范围,进行了商业广告宣传或产生了一定的销售量,就可以认定具有一定的影响,进而获得法律保护。

最后,对于未注册的驰名商标标志,《商标法》规定不得抢注或使用未注册的驰名商标,但其保护效力仅限于相同或类似商品,不能禁止他人在不相同或者不相类似的商品上注册和使用,不具有跨类保护的效力。

基于此,未注册商标若要获得法律保护,最好的方式就是申请商标注册。如果已经无法申请注册,就需要保存好商标使用的证据,便于后续维权时证明商标的使用时间、使用范围、宣传推广情况,维护企业在先权益。总之,无论是注册商标还是未注册商标,商标使用是一个非常重要的因素。因为商标的最主要功能是识别商品或服务来源,而识别功能的实现必须以商标的使用为前提,设计得再精美、再有内涵的商标,只要不在市场上使用,就不能在消费者和你的商品或服务之间建立联结,商标的识别功能就无法实现,商标标志就只能是一个标识,不具有商标的性质。而且《商标法》对商标使用也有一定的要求,企业需要关注你的未注册商标是否是在《商标法》的意义上使用,即以区分商品或服务来源为目的的使用。

116. 企业拓展国际市场应如何注册商标?

对于企业而言,如果有意拓展国际市场,就需要注册国际商标。注册国际商标一般有两种途径:一是单一国家的国际注册,即分别向各国的商标主管机关申请注册,当然,即使是单一国家注册途径,也可以充分利用《巴黎公约》中的优先权制度,获得更多程序上的优势;二是马德里国际注册,即马德里体系,就是在马德里联盟成员国间进行商标注册。两种注册方式的主要区别如下:

第一,申请手续方面。采用马德里国际注册的申请人向主管局递交一份申请手续即可指定多个国家。采用单一国的国际注册的申请人需要按不同申请国家的要求准备不同的文件,有些国家还会涉及公证认证,申请手续相对繁杂。

第二,注册时间方面。采用马德里国际注册的申请人需要先将申请材料提交给主管局,由主管局递交到马德里国际局,国际局受理后,再分发给各个指定国家进行审查。采用单一国的国际注册的申请人可将申请文件直接递交到指定国家局,具体审查周期依据各国法律规定而定。

第三,注册费用方面。马德里国际注册官费一般包括两部分:一是马德里基础注册费;二是指定国家的规费,有些国家授权后还要收取注册费(如日本)。无论指定多少国家,基础注册费只收取一份。单一国的国际注册费用一般需要委托代理机构或者律师进行申请,费用包含注册官费和代理费。

第四,商标维护方面。马德里国际注册通过一个注册号可以维护多个国家的续展、变更,后期维护比较简单。而单一国的国际注册需要维护多个注册号,各个国家申请及获证的时间不统一,后期维护工作相对繁杂。

此外,也有企业选择区域性的国际注册,也即向一个区域商标主管机关(如欧盟知识产权局 EUIPO、比荷卢共同局 BeneluxOffice、非洲知识产权组织 OAPI)申请注册商标,但该效力仅及于区域内各成员国。

企业可以根据自身需求,选择适合自己的注册方式。国际化需求较大的企业，不妨直接申请马德里商标，对于以后企业的国际拓展非常有利。当然，无论采取何种国际注册方式，“市场未动，商标先行”的原则应该始终坚持。

117. 如何办理“马德里商标注册”？

“马德里商标注册”可以由申请人自行申请，也可委托商标代理机构或具备商标代理资质的律师事务所办理申请。

目前办理“马德里商标注册”申请有两种方式：一是线上申请，国内申请人和商标代理机构可注册登录“商标网上申请系统”在线提交商标国际注册申请；二是线下申请，申请人可通过邮寄的方式向国家知识产权局递交申请材料，还可选择到国家知识产权局商标局驻中关村国家自主创新示范区办事处或上海、广州、济南、郑州、重庆 5 个商标审查协作中心办理。

申请人申请注册马德里国际商标需要提交的材料：“马德里商标国际注册”申请书、外文申请书、加盖公章或签字的申请人资格证明文件（如营业执照复印件、居住证明复印件、身份证件复印件等），委托代理人的还应附送代理委托书。申请注册“马德里商标”的时候需注意，申请人的名称地址必须和基础商标的申请人或注册人名称地址保持一致；商标图样必须和基础商标图样保持一致；商标类型必须和基础商标保持一致；商品和服务不得超过基础申请或注册商品/服务的范围。

商标局收到手续齐备的申请书件之后，登记收文日期，编定申请号，计算申请人所需缴纳的费用，向申请人或代理人发出《收费通知单》。申请人或代理人应在收到《收费通知单》之日起 15 日内向商标局缴纳有关费用。商标局只有在收到如数的款项后，才会向国际局递交申请。如申请人或代理人逾期未缴纳规费，商标局不受理其申请，并书面通知申请人。

世界知识产权组织（WIPO）国际局收到符合《商标国际注册马德里协定及其议定书共同实施细则》的国际注册申请后，即在国际注册簿上进行登记注册，并给商标注册申请人颁发《国际注册证》并通知各被指定缔约方商标主管机关。《国际注册证》由国际局直接寄送给商标局国际注册处，再由商标局国际处转寄给申请人或商标代理机构。

第二节　商标使用问题

118. 有了注册商标，就可以随便印制商标标识吗？

印制注册商标标识是使用注册商标的一种方式，有了注册商标，并不意味着商标权人、商标印制经营者可以随意印制注册商标标识。

首先，商标实行分类注册制度，商标注册在哪类商品或服务上，商标权人就只能在该类商品或服务上印制、使用该注册商标标志，无权在未获得注册的商品或服务上使用该商标标识。

其次，我国法律对印制商标标识的经营者也进行了明确规定。印制商标标识的单位除了须持有营业执照以外，还必须取得经市场监管部门核定的承揽印刷、制作商标标识的资格。在接受印刷、制作商标标识的订单时，必须认真审核下单人是否为相关权利人或是否具有权利人的合法授权，对商标印制委托人提供的证明文件和商标图样进行核查，所印制的商标应当与《商标注册证》上的商标图样相同。如果经营者明知没有经过许可，而为贪图利益，承接了该业务，除了面临民事赔偿，还可能面临行政处罚。如果承接的业务量大，还可能面临刑事处罚的风险。

119. 如何正确标注商标标识？

当商标权人成功注册商标之后，就可以在商品、商品包装、说明书或者其他附着物上标明“注册商标”或者注册标记。注册标记包括“㊟”和“®”。根据《商标法实施条例》的规定，注册标记应当标注在商标的右上角或者右下角。

需要注意的是，申请商标注册，在取得商标局下发的《受理通知书》之后，《商标注册证》下发之前的这段时间，不可以在商标上标注注册标记，因为《受理通知书》的下发仅意味着商标局受理了商标注册申请，该申请能否被核准注册还是未知数。事实上，存在相当多的商标注册申请受理后又被驳回的情况，如果此时标注注册标记，就构成了冒充注册商标的违法行为。此时可以标注“TM”标记，“TM”表示该商标已经向国家商标局提出申请，并且国家商标局也已经下发了《受理通知书》，进入了异议期，这样就可以防止其他人提出重复申请，也表示商标持有人对于商标标识有优先使用权。

实践中,常见的商标标识的不当使用还有以下情况:有些企业不是按照申请注册的标识来印制商标,而是随意改变商标标识,虽然微小的改变是可以接受的,但对商标标识的较大改变会构成商标的违法使用,可能会受到执法部门的处罚。还有些企业将商标使用在指定的商品或服务之外,也是违法的行为。还有的企业虽然有自己的注册商标,却将它放在包装的不起眼位置,而是突出使用企业字号,这种行为未必违法,但如果你使用的企业字号与竞争对手的商标相同,则可能会构成商标侵权。也有些企业在商品包装上做文章,虽然有自己的商标,但也是不突出使用商标,而是将商品包装得和竞争对手的商品近似,这可能构成不正当竞争行为。总之,商标标识的不当使用实践中问题较多,合法、正当、突出使用自己的商标,诚信经营,为自己的商标积累商誉,是最简单也是最保险的市场行为,长久坚持必有收获。

120. 企业商标达到什么条件可以被认定为驰名商标?

相比于普通商标,我国对驰名商标的保护不仅仅局限于相同或者类似商品、服务,对于不相同或不相类似的商品或服务也有延伸保护的特点,因此驰名商标具有比较广泛的排他性权利。驰名商标比普通商标更有“名气”、更加“值钱”,这也就导致很多企业争相申请认定驰名商标,但驰名商标的认定有严格的限制,认定某一商标是否为驰名商标主要考虑下列因素:

第一,相关公众对该商标的知晓程度。

第二,商标使用的持续时间。

第三,宣传工作的持续时间、程度和地理范围。

第四,该商标作为驰名商标受保护的记录。

第五,证明该商标驰名的其他证据材料。

在驰名商标认定的相关证据上,主要包括如下证据材料:

(1)该商标所使用的商品或者服务的合同、发票、提货单、银行进账单、进出口凭据、网络电商销售记录等相关材料。

(2)该商标所使用的商品或者服务的销售区域范围、销售网点分布及销售渠道、方式的相关材料(包括传统经营方式和非传统经营方式)。

(3)涉及该商标的媒体广告、评论、报道、排名及其他宣传活动材料(包括传统媒体和非传统媒体)。

(4)该商标所使用的商品或者服务参加展览会、博览会的相关材料。

(5)该商标的最早使用时间和持续使用情况的相关材料。

(6)该商标在中国及其他国家、地区的注册证明。

(7)该商标被认定为驰名商标并给予保护的相关法律文件,以及该商标被侵权或者假冒的情况。

(8)具有资质的会计师事务所出具的使用该商标的商品或者服务的销售额、利润、纳税等经营情况的财务审计报告以及广告投放情况的广告审计报告。

(9)具有公信力的权威机构公布的使用该商标的商品或者服务的销售额、利税额、产值的统计及市场占有率、广告额统计等,如统计部门出具的统计证明、税务部门出具的纳税证明等。

(10)使用该商标的商品或者服务在全国同行业中的排名或市场占有率。国家行业主管部门的证明、国家行业主管部门官方公开数据、在民政部登记的全国性行业协会、公开或半公开的数据及出具的证明、权威评价机构的评价等能够证明行业排名或市场占有率的材料均可以作为证据。

(11)使用该商标的商品或者服务获得国家发明专利的情况以及当事人自主创新的其他情况。

(12)使用该商标的商品或者服务的技术作为国家标准、行业标准的情况。

(13)该商标获奖情况。

(14)其他可以证明该商标知名度的材料。

认定驰名商标,不仅可以增强消费者对企业产品的信任感和依赖性,还可以对抗恶意抢注行为,同时地方政府也会对持有驰名商标的企业给予相应的政策扶持。

目前我国对驰名商标的认定总体来说有两大类:一是行政部门的认定;二是司法部门的认定。行政部门的认定需要提交申请以及相关证据材料,司法部门的认定是涉案认定,即该商标在行政诉讼或民事诉讼中出于审理案件的需要,必须对商标进行驰名与否的认定时,法院才会启动司法“认驰”。值得注意的是,由于早期对司法认驰没有限定太多的条件,当时中级人民法院都可以认定驰名商标,导致了严重的虚假认驰现象,即提起一个虚假诉讼,法院在诉讼中认定一个商标驰名,商标权人即可以依据判决书宣传自己为驰名商标。后最高人民法院对司法认驰进行整顿，目前只有省会城市所在地的中级人民法院或知识产权法院才可以认定驰名商标，而且驰名商标的认定是个案认定、动态认定，即在一个案件中认定了驰名商标并不意味着一直都是驰名商标，后面遇到案件时仍需重新认定。另外，企业也不能在广告宣传中出现“中国驰名商标”的字样。随着一系列政策的出台和法律的修改，驰名商标的乱象终于平息。

因此，企业应该以一个平常心对待驰名商标，驰名商标只是对企业诚实劳动、合法经营的自然而然的奖励，且需要持续的贡献，不可夸张，不可钻营，当然，努力获取这份荣誉也是企业正当经营的需要，如在我们的商品或服务确实取得了相当好的市场影响力时，向商标局申请驰名商标的认定也是保护自己商标权的正当、正确之举。

121. 驰名商标是全类保护吗？

普通商标的保护范围以其核定使用的商品或服务为限，而驰名商标则可以获得跨类保护，也即不以商标核定使用的商品或服务为限进行保护，驰名商标的跨类保护不同于全类保护。

对于已注册的驰名商标，其跨类保护受“误导公众”这一条件的限制。《商标法》明确将“误导公众，致使该驰名商标注册人的利益可能受到损害”作为跨类保护的构成要件。驰名商标跨类保护的范围、保护力度与商标的驰名程度密不可分，商标知名度越高、显著性越强，其驰名程度也就越高，其受《商标法》保护的力度越大，跨类保护的范围也就越广。

一般来说，驰名商标的跨类保护仅能拓展到与其有相当程度关联类别的保护，同样需要考虑商品在功能、用途、所用原料、销售渠道、消费对象等方面，至于服务，应该在服务的目的、内容、方式、对象等方面具有一定的共同性。在公众施以一般注意力的情况下，是否容易对商品或服务来源于同一主体或存在特定联系产生混淆、误认。

对于未注册的驰名商标而言，还需要考虑未注册驰名商标权利人使用的先后顺序。如果未注册驰名商标的权利人使用在后，在先使用人由于使用在先，其完全有权继续使用未注册商标。但为了避免相关公众混淆，保护社会公众利益，在先使用人应采取措施使其使用的商标与未注册驰名商标有所区别。如果未注册驰名商标的权利人使用在先，在后使用人是否有权继续使用未注册商标，要看他是否为善意、合理使用。例如,在后使用者使用时根本不知道其商标已有人使用(须施以相关领域人士普通注意程度),或者虽然知道但尚未达到不正当竞争的程度,则在后使用人也有权继续使用,但也应采取措施使其使用的商标与未注册驰名商标有所区别。

122. 什么时候可以申请认定驰名商标?

在我国,驰名商标的认定遵循"个案认定、按需认定"的原则。

"个案认定"是指驰名商标认定应当是"处理案件"所必需,只有在具体的商标案件中,请求驰名商标保护的当事人认为系争商标构成对其已为相关公众所熟知的商标的复制、模仿、翻译并且容易导致混淆或者误导公众,致其利益受到损害时才可以提起驰名商标认定,驰名商标的认定结果也只对该案有效。

"按需认定"是指如果当事人的商标确需依据《商标法》第 13 条通过认定驰名商标才能获得保护的,商标注册部门才就其商标是否驰名进行认定。如果当事人的商标可通过《商标法》其他条款获得保护,或者系争商标不会导致社会公众混淆、误认,致使当事人利益受损,则商标注册部门无须对商标是否驰名进行认定。

123. 认定驰名商标有哪些途径?

企业获得"驰名商标"认定的途径总体来说有两大类,五个具体途径:

第一,直接向国知局申请认定驰名商标。企业可以向当地有管辖权的知识产权部门或市场监管部门提出申请,并提交有关证明商标驰名的证据材料,由地方部门调查核实后,逐级推荐上报,由国知局认定。

第二,在商标异议程序中同时向国知局申请认定驰名商标。企业如果认为他人经初步审定并公告的商标违反《商标法》第 13 条规定,可以向国家知识产权局(以下简称国知局)提出异议,在请求不予注册他人商标的同时,提交证明自己商标驰名的有关材料,由国知局予以认定。

第三,在商标争议程序中同时向国知局申请认定驰名商标。如果企业认为他人已经注册的商标违反《商标法》第 13 条规定的,可以向国知局提交证明自己商标驰名的有关材料,在请求裁定撤销该注册不当的商标的同时,由国知局认定自己的商标为驰名商标。

第四，在商标侵权行政处理过程中，向各地有管辖权的知识产权部门或市场监管部门申请认定驰名商标。企业如果认为他人侵犯自己的商标专用权，可以向案件发生地的有管辖权的知识产权部门或市场监管部门提出禁止使用的书面请求，并提交证明自身商标驰名的有关材料。

第五，在商标侵权民事纠纷案件中申请人民法院认定驰名商标。企业的商标权利如果被他人侵犯，可以在向人民法院提起民事诉讼时，提交证明自己商标驰名的有关证据材料，一并申请法院认定自己的商标为驰名商标。

124. 驰名商标认定是永久性的吗？

我国《商标法》规定，商标注册后的有效期为 10 年，10 年后到期如不续展，该商标就会被注销。驰名商标同样适用该规定，如果驰名商标到期后未续展注册，该驰名商标同样会被注销，如果还在继续使用，也只是一个未注册商标。

另外，驰名商标的认定也不是永久性的。目前我国的驰名商标认定遵循"个案认定、按需认定"原则，一次认定为驰名商标，不代表该商标永远为驰名商标。因此企业应该持续诚信经营，保持商标的知名度，才会不断获得驰名商标的强保护。

125. 如何正确使用驰名商标？

我国《商标法》规定，注册商标的专用权，以核准注册的商标和核定使用的商品为限。此规定对"驰名商标"同样适用，也即是说驰名商标的所有人只能在商标局核准的商品或服务项目上使用其注册的驰名商标，其他未经认定的产品和服务不能使用"驰名商标"字样。

同时《商标法》对驰名商标的宣传也作了明确规定。为了避免一些品牌用"驰名商标"字样来误导消费者，《商标法》第 14 条第 5 款规定，生产、经营者不得将"驰名商标"字样用于商品、商品包装或者容器上，或者用于广告宣传、展览以及其他商业活动中。但是在此前已经进入流通领域的除外。

126. 如何顺利完成一项商标转让？

商标作为一项无形财产，具有私权属性，商标持有人可以对其进行转让。与有形财产转让不同，商标转让需要注意以下问题：

可转让的商标范围。我国《商标法》规定，注册商标可以转让。对于已经受理但未获得注册的商标，《商标法》没有明文规定，一般来说，随着审查工作的进行，如果商标获准注册的可能性比较大，实务中允许此类商标参照注册商标的要求进行转让。对于未注册的商标而言，通常只有在知名度较高的情况下才能获得《商标法》的保护，此类商标获得的保护并非商标法意义上的注册商标专用权，一般和其使用主体密不可分，不存在常规意义上的商标转让。另外，根据《集体商标、证明商标注册和管理办法》的规定，集体商标、证明商标发生移转的，权利继受人应当具备相应的主体资格，并符合《商标法》《商标法实施条例》等的规定。

商标转让的手续。在我国进行商标转让，需要转让人和受让人签订转让协议，然后共同向商标局提出申请。如果委托代理机构办理，还需要提交授权委托书，而且转让方和受让方必须委托同一家代理机构。转让申请经核准后，商标局予以公告，受让人自公告之日起享有相关权利。

商标转让过程中的法律风险。

首先，对于已经受理但尚未获得注册的商标而言，存在商标无法成功注册的风险，受让人应有充分的思想准备，不能想当然认为获得受理的商标申请必然会获得注册。

其次，如果转让方名下持有多件相同或相似商标，而仅将其中的部分商标转让给他人，会影响商标识别商品来源功能的发挥。对于此类的转让申请，商标局会进行实质审查，具体要求：转让人对其在同一种商品上注册的近似的商标，或者在类似商品上注册的相同或者近似商标，应当一并转让。不符合要求的，商标转让将不予核准。此外，对容易导致混淆或者有其他不良影响的转让，商标局也会不予核准。因此，受让方需要提前做好这方面的尽职调查，并且在转让合同中对此类风险进行明确约定。

再次，转让的商标可能存在权利瑕疵的风险。商标注册后，如果和在先的商标构成近似、恶意抢注、损害他人在先权利等，会面临被宣告无效的风险。如果商标无效宣告发生在商标转让合同签订之后，一般情况下受让人并不适用善意取得原则。

最后，拟转让商标使用的相关风险。在我国，商标注册后，如果连续 3 年未使用，任何人都可以申请对其撤销。如果商标使用过度，注册商标演变为某类商品或服务的通用名称时，其他人也可以此为由请求该注册商标无效。因此，受让人应特别关注拟受让商标的使用情况，尽量在转让合同中对此类风险进行明确约定。

127. 商标许可时需要注意哪些事项？

商标许可，是指商标注册人通过法定程序允许他人使用其注册商标的行为。许可他人使用其注册商标的，许可人应当将其商标使用许可报商标局备案，由商标局予以公告。商标许可应注意以下事项：

第一，商标许可的主体。被许可人可通过《商标注册证》和商标局网站查询许可人是否为商标注册人。如果许可人并非注册人，注意取得相应的授权材料，包括许可人与商标注册人签订的合同是否备案以及该合同中对于转许可的约定等内容。

第二，商标权利状态。许可使用的商标应为有效注册商标，许可人的注册商标专用权应不存在限制。如果商标已经办理过质押登记，商标许可应取得质权人同意。如果商标处于撤销申请、无效宣告的状态，许可人面临合同目的无法实现的风险。

第三，许可期限。许可期限不应超出注册商标的有效期，不应与许可人、被许可人民事主体的存续期间相冲突，并不得与许可人取得该商标的时间冲突。

第四，许可的商品或服务的范围。许可使用的商品或服务应与商标注册证上核定使用的商品或服务名称相同，不得超出核定使用的商品或服务项目。

第五，许可备案事项。商标使用许可备案应由商标注册人办理，许可人应为商标注册人。共有商标办理许可使用备案的，需要取得全体共有人同意。

第六，许可方式。商标许可方式分为独占许可、排他许可、普通许可三种，独占许可是指仅能由被许可人使用该商标，许可人自己也不能使用；排他许可是指只能由许可人和被许可人使用该商标；普通许可是除了被许可人可使用之外，许可人和其他被许可人也可以使用该商标。许可方式是商标许可合同中的关键事项，需要约定清楚，否则很容易发生纠纷。

128. 企业商标与其他企业的字号冲突了怎么办？

企业商标和企业字号属于不同的法律范畴，商标专用权属于知识产权，其规范依据为《商标法》《商标法实施条例》等，企业字号属于人格权范畴，规范依据为《公司法》等。企业商标与其他企业的字号产生冲突时，要区分下面两种情况进行处理：

如果在后的企业字号与在先注册的商标冲突的，属于经营者在企业名称使用过程中实施的混淆行为，构成不正当竞争。《商标法》第 58 条规定，将他人注册商标、未注册的驰名商标作为企业名称中的字号使用，误导公众，构成不正当竞争行为的，依照《反不正当竞争法》处理。因此，企业字号在使用过程中涉嫌不正当竞争行为侵犯他人合法权益的，由市场监督管理部门或者人民法院依据《反不正当竞争法》处理。

如果在后申请的商标与在先企业字号冲突的，经营者可以通过商标异议、商标无效程序保护在先企业名称权。《商标法》第 32 条规定，申请商标注册不得损害他人现有的在先权利。企业名称中的字号即属于在先权利的范畴。如果在后申请的商标在初步审定公告期内，企业字号权利人可以依照《商标法》第 33 条的规定提起商标异议程序。如果在后申请的商标已经获得注册，则其可以依照《商标法》第 44 条的规定申请注册商标无效。

129. 企业注销了，商标怎么办？

商标是企业的一项无形资产，公司注销之后如果未对名下的商标及时处理，会导致其丧失商标权。公司面临注销时，商标有以下几种处理方式：

公司注销时，商标可以进行转让。企业在注销前，可以向商标局提出转让申请，将名下的商标出售给他人、转让给其他公司或者个人，对于价值比较高的商标，还可以考虑进行拍卖。

公司注销时，商标可以进行转移。商标转移不同于商标转让，商标转移是因为商标权的主体消灭，由继受人取得商标权。企业应在注销后 1 年内办理商标转移，超过 1 年未办理的，商标可能会被他人申请撤销。

企业注销时，如果想要主动放弃商标专用权的，也可以直接申请注销该商标，如果未主动注销，商标有效期满未进行续展的，该商标同样会被商标局注销。

如果企业注销后，未对商标进行处置的，商标作为一项资产应归全体股东共有。股东在继承公司资产的范围内对公司未清偿的债务承担责任。

130. 如何通过商标质押进行融资？

商标质押融资是企业获取融资的一种重要方式，我国多地均鼓励优质企业利用其无形资产进行融资，各商业银行也对一些信誉度较高的企业发放商标质押贷款，但并非所有企业都可以利用其商标进行质押融资，商标质押融资需满足以下条件：

（1）进行商标质押融资的企业需持有经商标局核准的《商标注册证》，且一般须获得中国驰名商标、省著名商标的认定；

（2）企业至少连续3年盈利，在行业中具有相当的规模，有稳定的产品和市场，管理和财务核算规范；

（3）企业商标专用权的价值经专门的商标评估机构确认，在商标专用权的有效期限内，原则上可向银行申请不超过其商标专用权价值50%的1年期以内短期流动资金贷款，中长期贷款不超过3年；

（4）有些银行要求企业及其法定代表人或实际控制人、股东无不良信用记录；在工商、税务、海关等部门无不良记录。

进行商标质押融资的企业应先与银行就商标质押融资达成初步意向，再由企业或者银行委托专业的商标评估机构对商标价值进行评估，出具评估报告。企业与银行就拟质押的商标签署商标专用权质押合同，并在合同签署之日起15日内向商标局申请办理商标专用权质押登记手续，企业同时应将商标专用权质押登记基本情况报工商局备案。

131. 如何办理商标出资入股？

《公司法》规定，股东可以用货币出资，也可以用实物、知识产权、土地使用权等可以用货币估价并可以依法转让的非货币财产作价出资。商标作为知识产权的重要组成部分，也可以作为资产出资入股。商标出资入股一般分两种情形，分别为商标所有权出资入股和商标使用权出资入股。

商标所有权出资入股，即以商标专有权作价入股，原商标持有人将商标所有权转让给被投资企业后不再享有商标权。商标所有权出资入股需要原商标持有人向商标局提出申请，经商标局核准后，自公告之日起商标权才真正归属于被投资企业，整个投资入股的流程才算完成。

商标使用权入股,无须商标转让手续,通过签订商标许可使用合同,由原商标持有人将上述商标在一定期限内依法许可给投资的公司使用。商标使用权入股出资时,原商标持有人与被投资企业签订的是商标独占使用许可协议,因此只需将许可协议向商标局进行备案,备案完成后,商标使用权入股也就完成了。

第三节 商标侵权问题

132. 企业商标维权的途径有哪些?

企业所持有的商标权被侵权后,可以通过以下几种方式进行维权。

第一,向市场监督管理部门投诉。商标权人针对商标侵权行为可以向有管辖权的县级、设区的市级市场监督管理部门进行投诉。在投诉前,商标权人要尽可能详细地做好商标侵权行为调查,如侵权的主体、侵权方式和数量、侵权产品实物照片等,并将证据固定下来。对于一些重大疑难复杂的商标违法案件,下级市场监督管理部门可以报请上一级市场监督部门管辖;对此类案件,省级市场监督管理局也可以直接进行查处。

第二,向展会知识产权投诉机构进行投诉。这种途径专用于展会期间的商标保护。《展会知识产权保护办法》规定,展会时间在 3 天以上(含 3 天),展会管理部门认为有必要的,展会主办方应在展会期间设立知识产权投诉机构。该办法详细列明了权利人向展会投诉机构投诉时应当提交的材料。展会知识产权投诉机构在收到符合规定的投诉材料后,应于 24 小时内将其移交有关知识产权行政管理部门。

第三,可向海关提起对涉嫌商标侵权的进出口货物实施扣留。我国《知识产权海关保护条例》规定,权利人发现涉嫌商标侵权的货物即将进出口时,可向海关提出采取保护措施的申请,由海关对侵权嫌疑货物实施扣留。一般情况下,从事进出口贸易的企业会主动通过知识产权海关保护备案系统对注册商标专用权进行备案,海关在进行进出口货物检查时,对于发现侵犯商标专用权的商品,会主动中止货物的通关程序,通知商标权人,并对涉嫌侵权的货物进行扣留,调查后根据实际情况对侵权人进行处罚。也就是说,海关保护有两种方式,主动保护和依申请保护,如果企业的商标权在海关备案过,海关会实施主动保护,否则只能依企业的申请实施保护。主动保护对权利人企业而言好处多多,因此大多有实力的企业都会提前进行知识产权海关备案。

第四,商标域名注册及争议解决机制途径。在互联网时代,企业一般会将注册商标或者商号注册为域名,作为企业进行网络宣传、品牌展示、产品营销的平台。对于他人抢注的商标对应域名的行为,商标权利人在警告或者协商后仍不能解决的情况下,可以诉诸域名争议解决机制。通过域名注册人与域名注册服务机构签订的域名注册协议,以及域名注册服务机构与域名注册管理机构签订的认证协议,若域名申请人违反域名注册协议的规定,域名争议解决机构的裁决生效后会立即得到执行。

第五,通过网购平台的知识产权保护渠道进行侵权投诉。现如今,多个网购平台都设立了知识产权维权渠道,如阿里巴巴的"知识产权保护平台"、京东的"京东知产维权系统"、拼多多的"拼多多知识产权保护平台"等。企业作为商标权人在相关网购平台发现有商标侵权行为的,可先通过该网购平台的知识产权保护渠道进行投诉,并注意提前进行证据的收集与提交。若侵权行为成立,平台核实后将主动删除侵权产品链接。

第六,向人民法院提起商标侵权的民事诉讼程序。诉讼程序是企业商标权被侵犯后最主要也是最后的法律救济途径。诉讼除了可以制止侵权行为继续发生外,还可以解决权利人因侵权所遭受的损失以及维权费用的赔偿问题。企业可以委托专业的律师处理诉讼程序中的问题。

第七,值得注意的是,由于商业经营形态多样、复杂多变,各产业经营模式和商业惯例不同,加上现在数字经济、平台经济的流行,商标侵权行为的形态也是多样且复杂的,经常会遇到一些令人疑惑的侵权类型。比如,有些服装品牌,品牌商通过协议限定其经销商的销售渠道,不允许线上销售,但有人线下从经销商手中买进,撕牌或剪牌在网店或微信群销售,到底是否构成商标侵权?还有很多白酒经营领域,也存在这种品牌商划分国内市场的营销协议,实践中也是一个棘手的问题。类似这样的行为模式看似简单,但在法律上专业性很强。如果企业遇到商标侵权问题,最好与专业的知识产权律师协商,确定合适的解决方案。

133. 如何通过商标行政查处进行维权?

《商标法》第61条规定,对侵犯注册商标专用权的行为,工商行政管理部门有权依法查处。《商标法实施条例》第 77 条规定，对侵犯注册商标专用权的行为，任何人可以向工商行政管理部门投诉或者举报。此规定被称为商标维权的“行政查处”模式。

在行政查处中，商标权利人应向侵权人所在地或者侵权行为地县级以上工商行政管理部门投诉或者举报，并提交投诉材料，包括投诉书、投诉人身份信息、商标注册证及复印件，被投诉人侵权的相关证据等。现实中，侵权人为避免被行政查处，会选择在多个地点开设仓库或生产车间，甚至进行“流窜作案”。

因此，权利人应先采取措施将侵权证据固定下来，对于利用电子商务平台经营的侵权者，可以通过公证的方式取得侵权者制假、售假的证据，然后再请求进行行政查处。此种情况下，即使工商行政管理部门在后续的调查中未发现其他侵权产品，也可以根据已经公证的证据对侵权者的制假、售假行为进行处罚。

此外，根据《商标法》第 60 条的规定，一旦工商行政管理部门认定侵权行为成立，除责令侵权者立即停止侵权行为，没收、销毁侵权商品和主要用于制造侵权商品、伪造注册商标标识的工具外，还可以根据侵权者的违法经营额处以不同程度的罚款。对 5 年内实施两次以上商标侵权行为或者有其他严重情节的，还会从重处罚。

134. 如何通过展会进行商标维权？

展会时间在 3 天以上（含 3 天），展会管理部门认为有必要的，展会主办方应在展会期间设立知识产权投诉机构，该投诉机构由展会主办方、展会管理部门、专利、商标、版权等知识产权行政管理部门的人员组成。商标权利人既可以向展会知识产权投诉机构进行投诉，也可以直接向知识产权行政管理部门进行投诉，只不过展会投诉处理效率比较高。

在展会开始前，商标权利人应对参展企业的信息进行收集、筛选，重点关注可能涉嫌商标侵权的参展商。对于涉嫌侵权商品，商标权利人也应做好前期调查，提前收集好涉嫌侵权商品，并将证据固定下来。为便于快速投诉，商标权利人应提前咨询展会主办方是否设置知识产权投诉机构以及投诉的具体流程、投诉材料的准备等工作。

一般来说，商标权利人可事先准备好身份证明、商标注册证书、投诉书等材料。委托代理人进行投诉的，还需准备授权委托书，以备在展会期间及时取用，避免因材料缺失无法提出投诉的情形。

展会结束后,如果商标侵权投诉案件尚未完结,权利人除了可以继续跟进案件外,还可以要求展会主办单位就展会侵权事实等情况出具证明材料,以便后续就侵权事实提起诉讼时要求赔偿。

展会投诉作为一种在展会期间特别适用的商标维权模式,不仅对当时的侵权有效,而且由于大型展会往往企业云集,竞争者中间不乏有一些潜在的侵权企业,因此利用好展会期间企业集中的特点,也是一个固定侵权证据的大好时机。因此企业应该提高展会知识产权保护的意识,充分利用这一特殊时机,做好知识产权保护工作。

实际上,知识产权国际保护的肇始,就是1873年的奥地利维也纳的国际博览会。就是担心在博览会上自己的专利技术被别人窥伺,美国代表提议奥地利政府进行特别保护,由此逐渐建立了后来的知识产权国际保护体系。

135. 如何通过海关进行商标维权?

中国海关对商标权的保护模式有两种:依申请保护和依职权保护。

依申请保护是一种被动保护模式,即当商标权利人发现涉嫌侵权的货物即将出口时,向海关提出采取保护措施的申请,由海关对涉嫌侵权的货物实施扣留。值得注意的是,因依申请保护是一种被动保护模式,所以海关并不对涉嫌侵权的货物进行调查,而由商标权利人自己就侵害商标权的纠纷向人民法院提起诉讼,此时海关的扣留行为仅仅是一个临时救济措施。

依职权保护是一种主动保护模式,需要企业事先在海关备案自己的知识产权。海关在监管过程中,如果发现进出口的货物涉嫌侵犯已在海关办理备案的商标权时,会主动中止货物的通关手续并通知商标权利人,对涉嫌侵权的货物进行扣留。如果海关经过调查发现进出口货物的侵权事实存在,将会依法对侵权人进行处罚。主动保护模式的好处很多,不仅海关会主动扣押货物,调查侵权行为,处罚侵权者,而且在提供担保、扣押期限方面也有优势,非常有利于企业的知识产权海关保护。

实践中,大多数涉嫌商标侵权的进出口货物,都是海关在例行检查中根据备案商标信息主动查获的,将商标权及其他情况及时向海关总署进行备案,不仅可以保证正品迅速通关,还能有助于海关及时发现和鉴别侵权货物。因此企业应该及时主动在海关备案知识产权,启动海关主动保护程序。

136. 如何通过商标域名注册及争议程序进行商标维权?

对于中国的企业和个人而言,域名争议可分为三类:国际通用顶级域名争议,如“. com”“. net”“. org”等域名争议;中国 CN 及中文顶级域名争议,如“. cn”“. com. cn”“. 中国”中文域名等争议;其他国别顶级域名争议,如“. so”“. co”等域名争议。

国际通用顶级域名争议的解决机构:世界知识产权组织(WIPO)、亚洲域名争议解决中心(ADNDRC)、国家仲裁论坛(NAF)、捷克仲裁法院(CAC)。以向 WIPO 投诉为例,国际通用顶级域名争议的提起及审理程序步骤:确定投诉申请人→确定投诉语言→投诉人向 WIPO 提交投诉→投诉人缴费→WIPO 向投诉人发送受理通知及案号→WIPO 向所涉通用顶级域名注册/持有人发出投诉通知,并转去投诉书副本→域名注册人提交答辩书→确定行政专家组→专家组裁决→裁决书提交 WIPO→裁决公布→裁决执行。

中国 CN 及中文域名争议的解决机构:中国国际经济贸易仲裁委员会域名争议解决中心(以下简称贸仲委)、香港国际仲裁中心。以向贸仲委投诉为例,中国 CN 及中文域名争议的提起及审理程序步骤:确定投诉申请人→投诉人提交投诉书→投诉人缴费→贸仲委向投诉人发送受理通知,同时向所涉“. cn”域名及中文域名注册/持有人发出投诉通知,并转去投诉书副本→域名注册人提交答辩书→确定行政专家组→专家组裁决→裁决公布→裁决执行。

一般情况下,其他国别顶级域名争议的投诉需要向当地国域名争议解决机构提出,某些国别域名也可向 WIPO 提起投诉。

值得关注的是,无论投诉人是向国际通用顶级域名争议解决机构进行投诉,还是向中国 CN 及中文域名争议的解决机构进行投诉,均应当证明所涉域名与投诉人享有权利的商品商标或服务商标相同或者混淆性相似、所涉域名的注册人对争议域名并不享有任何权利或合法利益、所涉域名的注册和使用具有恶意。

137. 如何通过电商平台进行商标维权?

电商消费业态给社会公众带来了便利,也催生着一系列知识产权侵权行为的发生。目前各大电商平台均开设了知识产权保护系统,商标权利人可通过知识产权保护系统进行商标维权。

《电子商务法》规定，电子商务平台经营者应当建立知识产权保护规则，与知识产权权利人加强合作，依法保护知识产权。并明确了知识产权权利人的投诉方式及平台的处理程序。简言之，即权利人通知平台→平台收到通知后立即采取必要措施并转送经营者→经营者收到通知可提交不存在侵权行为的声明→平台接到声明转达权利人，若转达后15日内未收到权利人已经投诉或起诉通知的，则终止所采取的措施。

以阿里巴巴的侵权投诉平台为例，商标权人若发现阿里巴巴平台的商户存在商标侵权行为，可登录阿里巴巴知识产权保护平台（https://ipp.alibabagroup.com/），注册成为阿里巴巴知识产权保护平台会员，明确要保护的知识产权，提交身份证明材料和权利证明材料（材料一经确认，在有效期内无须重复提交），接下来明确侵权信息，选择要投诉的商品/店铺所在的平台，提交相应的侵权商品和信息所在的链接，告知对方侵权的理由。一旦投诉成立，平台会移除侵权链接并通知对方，若对方申诉，其申诉内容也会转送给权利人以便作出回应。权利人还可以在该平台管理已经在知识产权保护平台备案的知识产权信息，查询投诉链接处理状态，记录知识产权保护成果。

138. 企业通常会遇到哪些商标诉讼？

从广义上说，企业通常会遇到的商标诉讼类型主要有三类：与商标有关的行政诉讼、与商标有关的民事诉讼以及商标犯罪的刑事诉讼。

与商标有关的行政诉讼又分为两类：第一类是不服国家知识产权局商标评审委员会作出的与商标授权确权有关的复审决定、无效决定或者裁定而提起的行政诉讼案件；第二类是不服国家知识产权局及商标局、各级市场监督机关、海关等部门作出的有关商标的其他具体行政行为而提起的行政诉讼案件。

与商标有关的民事诉讼类型主要包括商标权权属纠纷案件、侵害商标权纠纷案件、确认不侵害商标权纠纷案件、商标权转让合同纠纷案件、商标使用许可合同纠纷案件、商标代理合同纠纷案件、申请诉前停止侵害注册商标专用权案件、申请停止侵害注册商标专用权损害责任案件、申请诉前财产保全案件、申请诉前证据保全案件以及其他商标案件。对于企业来说，一般商标权权属纠纷、侵害商标权纠纷属于高发的案件类型。

商标犯罪刑事诉讼包括三种类型：假冒注册商标罪、销售假冒注册商标的商品罪以及非法制造、销售非法制造的注册商标标识罪。对于侵犯注册商标权的犯罪案件，一般由公安机关进行侦查。市场监督管理机关在商标行政执法中如果发现存在侵犯注册商标的犯罪案件，应当移送公安机关进行侦查。对于假冒注册商标犯罪案件，被害人既可以向公安机关报案，也可以在证据充分的情况下，直接向法院提起刑事自诉。

139. 企业如何发起商标行政诉讼？

企业如果不服国家知识产权局作出的复审决定或裁定或者国家知识产权局作出的有关商标的行政行为案件，可以依照《商标法》《行政诉讼法》的规定向法院提起行政诉讼。

企业提起商标行政诉讼，需要准备下列起诉文件：(1)起诉状；(2)企业作为原告的营业执照复印件并加盖公章；(3)行政机关作出的决定或裁定原件。法院收到起诉状后，经审查在7日内立案或者作出裁定不予受理。对于受理的案件，法院会在立案之日起5日内向被告发送起诉状副本。被告应当自收到起诉状副本之日起10日内向法院提交作出具体行政行为有关的材料，并提交答辩状。被告不提交答辩状的，不影响人民法院依法审判。对于行政诉讼案件，法院应当在立案之日起6个月内作出第一审判决。有特殊情况需要延长的，由高级人民法院批准，高级人民法院审理第一审案件需要延长的，由最高人民法院批准。

值得注意的是，行政诉讼期间不停止具体行政行为的执行，但下列情形除外：(1)被告认为需要停止执行的；(2)原告申请停止执行，人民法院认为该具体行政行为的执行会造成难以弥补的损失，裁定停止执行的。

对于商标行政诉讼一审判决不服的，还可以上诉，启动第二审程序。商标行政诉讼是一项专业性很强的法律程序，企业最好是委托专业的知识产权律师代理。

140. 企业如何通过商标侵权民事诉讼维护商标权利？

企业作为商标权利人，若发现商标侵权行为，可通过民事诉讼程序维护自身的商标权利和权益。企业提起商标侵权的民事诉讼程序应注意以下事项：

首先,关于商标侵权民事诉讼的管辖法院。商标侵权民事诉讼可以由侵权行为实施地、侵权商品的储藏地或者查封扣押地、被告住所地的中级人民法院管辖。在网络环境下,网购收货地不得作为管辖地。目前,知识产权案件数量较大的地区一般都有特殊规定,商标侵权案件一审不一定都由当地的中级人民法院管辖。而是由高级人民法院指定一两个基层人民法院管辖标的额在一定数额之下的商标和著作权侵权案件。

其次,关于证据的收集与准备。企业应提前准备好其持有的商标注册证书,并收集、整理好被告实施或者正在实施的商标侵权行为,如被告的宣传材料、被告的产品或图片、购买侵权产品的收据或发票等。注意收集的证据目的在于证明某人实施了某行为,而该行为侵犯了自己的商标权,且造成了损失。需要达到证据组合在一起形成一个紧密联系的证据链的程度。

最后,关于提起诉讼的相关事项。企业根据收集的与案件有关的证据撰写起诉状,起诉状中如果要求侵权人赔偿的,须同时提交有关赔偿数额的计算方法。商标侵权民事诉讼毕竟是一项较为专业的活动,企业最好是委托专业的知识产权律师代理。

141. 企业作为被告如何应对商标侵权民事诉讼?

在司法实践中,企业如果作为商标侵权的民事诉讼程序中的被告,一般采取不侵权抗辩和不赔偿抗辩的抗辩事由,具体如下:

第一,看原告是否具备商标权利人的主体资格。原告是否为注册商标的专用权人,商标被授权人是否取得授权证明,商标权是否在有效期内;企业作为被告还可以从管辖权和诉讼时效的角度进行抗辩,因为有时候原告可能会利用管辖联结点"拉管辖",选择对自己有利的管辖法院,此时可以从管辖规则方面提出"管辖权异议",改变管辖地。

第二,看商标使用的商品或服务是否近似。商标侵权诉讼中,多数被告通常会提出商标使用的商品或服务不构成近似,从而不存在侵权行为的抗辩。值得关注的是,在司法实务中,商标所使用的商品或服务是否构成近似的判断为"混淆可能性",即使商标使用的商品或服务与商标权人商标使用的商品或服务不近似,但双方若在商品来源、销售渠道、用途、消费对象等方面存在重合,也有可能被认定为商标所使用的商品或服务近似。此时,企业可以从涉案商标拥有自己的品牌和声誉,并在一定范围内形成稳定市场,不会使消费者对商品或服务的来源产生混淆或误认等角度进行抗辩。

第三,看企业是否存在在先权利。如果在原告的商标申请注册前,作为被告的企业已经开始在某一领域使用涉案标识,并产生了一定影响,那么企业有权在该领域继续使用该标识而不构成侵权,但通常应附加适当的区别标识。

第四,看企业对涉案标识是否属于合理使用的情形。如果涉案标识只是使用了商品的通用名称,或者对商品的特征进行描述(也称描述性使用),又或者仅是为了指示商品的用途、服务对象或来源(也称指示性使用),则不构成侵权。

第五,看企业是否存在商标平行进口行为。商标法领域中的平行进口,是指未经国内商标权人授权的进口商,将由国内商标权人自己或经其同意在其他国家或地区投放市场的产品,向国内进口的行为。在司法实践中,平行进口一般被认为合法。

第六,看企业使用的涉案标识是否存在合法来源。企业在不知道商品是否为侵权产品的情况下进行的商业行为,如果能够证明涉案商品是从合法渠道获得,并能提供相关证据的,此时企业可以不承担侵权责任,但仍需停止对涉案商品的经销、销售等行为。

第七,看涉案商标是否连续 3 年不使用。企业作为被告虽然侵犯了原告的商标权,但因原告连续 3 年未实际使用其注册商标,也没办法证明因侵权行为受到实际损失的,此时作为被告的企业无须承担侵权责任。当然,此时被告可以向商标局提起“商标撤三”程序,撤销原告的商标。同理,作为被告还有一个“商标无效”程序可用,即向商标局提起无效程序,无效原告的商标。当然前提是存在无效的正当理由,如该商标违反《商标法》第 10 条的绝对禁止理由,或者与在先权利冲突等。这两个抗辩理由有点类似于“专利无效”,都是一种釜底抽薪的方式。

142. 哪些行为可能构成商标侵权?

根据《商标法》第 57 条的规定,有下列行为之一的,均属于侵犯注册商标专用权:

(1)未经商标注册人的许可,在同一种商品上使用与其注册商标相同的商标的。这是典型的商标侵权,也是较为严重的侵权,通常属于"假冒商标"的范畴。因此这种行为也很容易与商标的行政责任、刑事责任相连。即如果有损公共利益,除了承担民事侵权责任,还可能承担行政责任。如果存在故意、情节严重,则有可能上升到刑事责任。

细心的读者可能会发现,从《商标法》第57条的规定来看,这种商标侵权行为并未包含"过错"的要件,只要是"未经商标注册人许可",实施了该种行为,就是侵权行为。因此对于那些不知道所售商品是侵权商品的销售商来说,虽然主观上他不知道侵权事宜,但也同样构成商标侵权行为,不需要民事侵权归责原则中的"过错",这一点是许多非知识产权从业者容易搞混淆的地方,包括许多非知识产权专业的律师,都很容易搞错。这也是我们一直反复强调,知识产权纠纷一定要委托专业的知识产权律师,且专利纠纷还要找有技术背景的专利律师的原因。

(2)未经商标注册人的许可,在同一种商品上使用与其注册商标近似的商标,或者在类似商品上使用与其注册商标相同或者近似的商标,容易导致混淆的。

该项的规定,比上一项侵权行为稍微缓和一点,更多是"近似",因此,在侵权构成的判断上,多了一项"容易导致混淆"的条件,这也是实务中非常重要的侵权判断标准。

(3)销售侵犯注册商标专用权的商品的。这一项是针对"销售"行为而言的,同样,我们没有看到销售侵权商品这种侵权行为的"过错"要件,与前两项是一致的。

(4)伪造、擅自制造他人注册商标标识或者销售伪造、擅自制造的注册商标标识的。该项针对的是伪造、擅自制造、销售"注册商标标识"行为。这里有一个背景需要读者知晓。企业获得了一个注册商标,享有专用权,那么商品上那么多包含有商标的标签是谁给印刷的呢?我们国家对此都是有管制的。负责印刷商标标识的印刷商必须有商标权利人或被许可人的授权,签订协议,才可以按约定的数量、商标标识的式样印刷,否则就属于侵权行为,甚至属于违反《行政法》和《刑法》的违法行为,严重者还要承担刑事责任的。知道了这一点,本项的规定自然就明白了。

(5)未经商标注册人同意,更换其注册商标并将该更换商标的商品又投入市场的。这是"商标反向假冒"行为。行为人将权利人的商品买过来,撕掉人家的商标,贴上自己的商标再销售,这种行为主要是割裂了人家的商品和商标之间的一一对应关系,对别人的商标构成侵害,属于一种特殊的侵权行为。20 世纪 90 年代末的“枫叶诉鳄鱼商标案”就是这种反向假冒行为的典型案例。

(6)故意为侵犯他人商标专用权行为提供便利条件,帮助他人实施侵犯商标专用权行为的。这一项是“商标间接侵权行为”的规定。主要是帮助侵权,如为商标侵权人提供存储空间、制作侵权模型等。注意,这个侵权行为就有“故意”的要件了。

(7)给他人的注册商标专用权造成其他损害的。这是一个口袋条款、弹性条款,防止法律的不严密,因为有可能出现现在未预料到的新的侵权行为,就可以适用该项予以认定。

143. 企业可以在起诉前阻止商标侵权行为吗?

企业遭遇商标侵权行为时往往会通过与对方谈判或者直接向法院起诉的方式进行维权,但当侵权人即将实施或者正在实施商标侵权行为,如果不及时制止,将会造成难以弥补的损害时,企业可以在起诉前直接向法院申请责令停止商标侵权行为,这种措施被称为“诉前禁令”,也称诉前行为保全。

诉前禁令的申请人为商标注册人或者利害关系人,包括商标许可的被许可人、合法的继承人等。诉前禁令的管辖法院包括侵权行为地、被告住所地等对商标案件有管辖权的法院。诉前禁令申请书的内容需载明申请人与被申请人的基本情况、申请采取行为保全措施的内容和期限、申请诉前禁令的事实和理由、申请人提供担保的情况等。在证据组织方面,申请人除了需提供权利证明、权利人或利害关系人证明之外,还需提供被申请人的正在实施或即将实施的侵害商标专用权的证据。

在诉前禁令的实施层面,一般由法院根据申请人的申请内容进行确定,包括立即停止在相关商品或服务上使用涉案商标标识、立即停止销售涉嫌侵权的商品等。诉前禁令申请成功后,申请人应当在法院采取诉前禁令措施后的 30 日内向法院提起诉讼或者向仲裁机构申请仲裁,否则就会被视为“申请有错误”,申请人应赔偿被申请人因保全所遭受的损失。

144. 商标侵权的民事责任有哪些?

商标侵权的民事责任主要包括停止侵害、赔偿损失。

停止侵害即停止侵害注册商标专用权的行为。比如,停止生产、销售侵害注册商标专用权的产品,停止印制商标标识等。如果是因企业名称突出使用注册商标而构成侵权的情形下,法院一般判决规范使用企业名称来制止侵权行为,通常做法是不得突出使用注册商标或者要求在企业名称中附加适当的区别标志。

赔偿损失,按照权利人因被侵权所受到的实际损失确定。实际损失难以确定的,可以按照侵权人因侵权所获得的利益确定。权利人的损失或者侵权人获得的利益难以确定的,参照该商标许可使用费的倍数合理确定。对恶意侵犯商标专用权,情节严重的,可以在按照上述方法确定数额的1倍以上5倍以下确定惩罚性赔偿。赔偿数额还应当包括权利人为制止侵权行为所支付的合理开支,包括公证费、翻译费、交通费、住宿费以及合理的律师费等。

145. 商标侵权赔偿数额如何计算?

根据《商标法》第63条的规定,侵犯商标专用权的赔偿数额标准依次为权利人因被侵权所受到的实际损失、侵权人因侵权所获得的利益、商标许可使用费的合理倍数。具体计算方法如下:

(1)权利人因侵权所受到的实际损失,可以按照权利人的利润损失计算,计算标准:侵权产品数量×权利人正品单价×权利人正品利润率。对于某些特殊行业,如房地产、建筑施工企业、医药等高新技术产业,在涉及高额侵权赔偿时,法院还会考虑将商标贡献率列入侵权赔偿数额之中。

(2)侵权人因侵权所获得的利益,计算标准:被控侵权产品总销售额×被控侵权产品的利润率/行业利润率,或者为被控侵权产品销售量×(被控侵权产品售价-被控侵权产品成本)。

(3)商标许可费的合理倍数,计算标准:商标许可使用年费×侵权时间×合理倍数。

(4)惩罚性赔偿。对恶意侵犯商标专用权,情节严重的,可以在按照上述方法确定数额的1倍以上5倍以下确定赔偿数额,即惩罚性赔偿。

(5)法定赔偿。权利人因被侵权所受到的实际损失、侵权人因侵权所获得的利益、注册商标许可使用费难以确定的,由人民法院根据侵权行为的情节判决给予500万元以下的赔偿。实践中,法定赔偿的适用率最高,因为很多侵权案件原告往往拿不出有效的损害赔偿证据,法院只能酌定赔偿数额。

146. 什么情况下有可能适用商标侵权惩罚性赔偿?

《商标法》第63条第1款规定,对恶意侵犯商标专用权,情节严重的,可以在按照上述方法确定数额的1倍以上5倍以下确定赔偿数额。这就是关于商标侵权的惩罚性赔偿条款。根据该规定可知,惩罚性赔偿的适用需满足"恶意"和"情节严重"两个因素。

对于侵权人"恶意"的判定,主要看其是否存在"事前知悉侵权"和"事后继续侵权"的情况。如果侵权人曾与商标权人签订过商标许可使用合同,在合同期内或者合同解除、终止后,仍从事针对该商标的侵权行为;或者侵权人收到商标权权利人的通知或者警告之后继续实施侵权行为;抑或被侵权商标已达到驰名程度的情况下,侵权人实施的具有明显攀附意图行为,上述情形均可认定为"恶意"。

商标侵权行为"情节严重",如侵权人曾因侵权行为被行政处罚或者法院裁判承担责任后,继续实施的重复侵权行为;或者侵权人以侵害知识产权为业;侵权人生产、销售的侵权产品存在质量问题,可能危害人身健康的情形;侵权人伪造、隐匿、或者销毁侵权证据等情形,均构成"情节严重"的情形。

在司法实践中,对于"恶意"和"情节严重"的判定可能存在重合,情节严重不仅包含主观上的恶意,还包含客观上的严重后果。比如,重复实施的侵权行为在部分法院的判决中被视为主观恶意明显,在另一部分法院的判决中可能被视为情节严重。

147. 电商经营企业如何避免商标侵权风险?

电子商务环境下的商标侵权具有侵权范围广、侵权损害大、侵权行为传播速度快的特点,电商经营企业一旦构成商标侵权,往往会面临高额的侵权赔偿,如何避免商标侵权就显得格外重要。

首先,电商企业负责知识产权业务或者参与设计商标图形的部门及人员应当熟悉《商标法》并能够灵活运用,在涉及公司名称、产品名称、Logo设计等方面要由专业的人员及时进行跟进,促使企业在最快的时间里成功注册所需商标。

其次,电商企业一定要做到商标先行、市场启动。电商环境、经营规则在迅速变化,商标维权相关的诉讼和赔偿金额也在快速增长,电商企业若不提前进行商标布局,一旦牵涉商标侵权问题,不仅面临着巨额赔偿,对改名后的宣传、企业品牌的重塑都会埋下隐患。

再次,电商企业应对进货渠道进行审慎的商标风险审查,至少在签订的进货合同中约定知识产权保证条款,并且规范经营,保存好相应的进货凭证、合同、付款凭证等证据。这样即使遇到商标侵权诉讼,也能够以合法来源为由进行抗辩。

最后,电商企业一定要密切监控商标申请状态,不仅是自家企业的商标状态,还包括竞争对手的商标状态。实践中,不乏商标被抢注、注册中的商标被申请异议、注册后的商标被申请无效的情形。全面进行商标监控,不仅可以避免商标侵权风险,还可以了解竞争对手的商标状态、商业动态。

148. 商标犯罪有哪些类型?

我国《刑法》规定的商标犯罪类型主要有三种:假冒注册商标罪、销售假冒注册商标的商品罪和非法制造、销售非法制造的注册商标标识罪。

第一,假冒注册商标罪,是指违反国家商标管理法规,未经注册商标所有人的许可,在同一种商品上使用与其注册商标相同的商标,情节严重的行为。所谓“使用与其注册商标相同的商标”,并不是说必须一模一样,根据2020年《最高人民法院、最高人民检察院关于办理侵犯知识产权刑事案件具体应用法律若干问题的解释(三)》第1条的规定,以下几种情形,亦可认为符合这一要件:(1)改变注册商标的字体、字母大小写或者文字横竖排列,与注册商标之间基本无差别的;(2)改变注册商标的文字、字母、数字等之间的间距,与注册商标之间基本无差别的;(3)改变注册商标颜色,不影响体现注册商标显著特征的;(4)在注册商标上仅增加商品通用名称、型号等缺乏显著特征要素,不影响体现注册商标显著特征的;(5)与立体注册商标的三维标志及平面要素基本无差别的;(6)其他与注册商标基本无差别、足以对公众产生误导的商标。这一解释实际上降低了假冒注册商标罪的入罪门槛,企业应该特别重视。

第二,销售假冒注册商标的商品罪,是指违反国家商标管理法规,销售明知是假冒注册商标的商品,违法所得数额较大或者有其他严重情节的行为。

第三,非法制造、销售非法制造的注册商标标识罪,是指企事业单位和个人,明知某一商标已经被他人注册,仍伪造、擅自制造他人注册商标标识或者销售伪造、擅自制造的注册商标标识,情节严重的行为。

149. 商标犯罪的定罪量刑是怎样的?

我国《刑法》第 213 ~215 条对三类商标犯罪的定罪量刑作出了明确规定。

关于假冒注册商标罪的定罪量刑。《刑法》第 213 条规定,未经注册商标所有人许可,在同一种商品、服务上使用与其注册商标相同的商标,情节严重的,处 3 年以下有期徒刑,并处或者单处罚金;情节特别严重的,处 3 年以上 10 年以下有期徒刑,并处罚金。

关于销售假冒注册商标的商品罪的定罪量刑。《刑法》第 214 条规定,销售明知是假冒注册商标的商品,违法所得数额较大或者有其他严重情节的,处 3 年以下有期徒刑,并处或者单处罚金;违法所得数额巨大或者有其他特别严重情节的,处 3 年以上 10 年以下有期徒刑,并处罚金。

关于非法制造、销售非法制造的注册商标标识罪的定罪量刑。《刑法》第 215 条规定,伪造、擅自制造他人注册商标标识或者销售伪造、擅自制造的注册商标标识,情节严重的,处 3 年以下有期徒刑,并处或者单处罚金;情节特别严重的,处 3 年以上 10 年以下有期徒刑,并处罚金。

《刑法修正案十一》修改之后,三个关于商标犯罪的定罪量刑有了一定的改变。首先,均有两个量刑幅度,一个是 3 年以下有期徒刑,一个是 3 年以上 10 年以下有期徒刑。其次,删去了原来的"拘役"主刑,提高了法定最高刑期,由 7 年改为 10 年。总体来说是提高了刑罚等级。

150. 单位有可能成为商标犯罪的主体吗?

我国《刑法》规定的商标犯罪的主体为一般主体,也就是说,任何企事业单位和个人都可能成为商标犯罪的主体。

单位为商标犯罪主体的情况下,所从事犯罪行为是以单位的名义实施,是为了单位的利益,行为的决策机构为单位,犯罪行为在单位成员的职务活动范围内或者与单位的业务活动相关,违法犯罪所得归单位所有。在定罪量刑方面,对单位判处罚金,并对其直接负责的主管人员和其他直接责任人员判处刑罚。

事实上,在商标犯罪以及所有的知识产权犯罪类型中,单位犯罪都有明确规定。因此对企业而言,需要警惕这种情况的发生。

第四章　著作权管理与风险防控

第一节　著作权保护对象问题

151.《著作权法》中的作品需要满足哪些条件？

著作权法中的作品，是指文学、艺术和科学领域内具有独创性并能以一定形式表现的智力成果。通过作品的定义可以看出，能够成为著作权法上的作品需要具备以下四个构成要件：

(1)独创性。独创性是作品的主要法律属性，是判断是否为作品的重要标准。独创性包含两种内涵：第一，作者创作作品是独立完成的，而不是抄袭的。当然，独立完成并非必须从无到有，在前人作品基础上的再创作也可能满足独创性。第二，作者创作的作品具有一定的创作高度，包含一定水平的智力创造活动，有创作性，不是简单地摹写、材料汇集。这里的创作性不同于专利的创造性，两者不能类比。至于创作高度，世界各国没有统一的判断标准，一般不会要求其具备高度的文学和美学价值，但也不能说其智力创造活动微不足道。世界各国在创作高度的评价上不同，一般而言，英、美国家的判例法所持创作性标准较低，如美国历史上曾经以"额头流汗"为标准，这样，一个公司付出辛苦调查而得到的电话号码簿也能成为作品，但后来这一标准也有了改变，一般认为劳动应该包含智力劳动。大陆法系国家普遍持较高的创作性标准，如德国对摄影作品和照片就区分对待，摄影作品必须是表达了摄影师的艺术观点和创造技巧、创造水平的那些照片，一般的照片不能成为作品，最多作为邻接权的客体予以保护。而我国在作品独创性的判断上介于两者之间，一般以"有独创性的劳动 + 作品的价值"为标准综合判断作品的独创性。这样，如我们用手机拍的照片，即使是抓拍的照片，也属于摄影作品，能够受到《著作权法》的保护。再如，儿童涂鸦形成的一幅画，如果实践中确实有人使用了，说明它有价值，也能够成为作品。独创性是《著作权法》中最有魅力的一个概念，也是个案中最难裁判的一个争议点。

(2)属于文学、艺术和科学领域内的创作。超出文学、艺术和科学领域的创作，就不属于《著作权法》保护的作品范畴，如法律、法规、历法、数学公式等。

(3)能以一定的形式表现，即作者的思想须以文字、语言、图片、声音、动作、色彩等形式表现出来。作者的思想仅存在脑海中，没有通过一定的形式表现出来，他人无法感知，就不是作品。这样，一份“腹稿”，一个节目“创意”，只要没有用一定形式表现出来，就只存在于人的脑海中，不是作品，是不受《著作权法》保护的。理解这一点对企业而言具有重要意义。由于创意不是作品，不受《著作权法》保护，因此如果企业经营者有一个很好的想法、创意，或叫“idea”，在固定下来之前，不要随意示人，否则在你还没有固定下来创意，从而成为受法律保护的作品前，他人抢先将该创意固定下来，就成了他人的作品。

(4)智力成果。脑力劳动的范围很广，文学、艺术和科学范围的创作，是脑力劳动的一部分，只有作者在文学、艺术和科学范围的创作并产生智力成果，才有可能创作出作品。

152.《著作权法》保护的作品有哪些？

在我国，著作权法保护的作品类型规定在《著作权法》(2020)第3条。法律以定义+列举+兜底性条款的方式规定出来。具体来说：

(1)文字作品，是指小说、诗词、散文、论文等以文字形式表现的作品。需注意的是，文字作品不同于文学作品，文学作品是我们常见的文字作品之一，除了文学作品，科学类的书籍、常见的教材、字典、词典等也是文字作品，甚至一份产品的说明书，如果具备独创性也能成为一件文字作品。

(2)口述作品，是指即兴的演说、授课、法庭辩论等以口头语言形式表现的作品。

(3)音乐、戏剧、曲艺、舞蹈、杂技艺术作品。音乐作品，是指歌曲、交响乐等能够演唱或者演奏的带词或者不带词的作品。戏剧作品，是指话剧、歌剧、地方戏等供舞台演出的作品。曲艺作品，是指相声、快书、大鼓、评书等以说唱为主要形式表演的作品。舞蹈作品，是指通过连续的动作、姿势、表情等表现思想情感的作品。杂技艺术作品，是指杂技、魔术、马戏等通过形体动作和技巧表现的作品。

（4）美术、建筑作品。美术作品，是指绘画、书法、雕塑等以线条、色彩或者其他方式构成的有审美意义的平面或者立体的造型艺术作品。建筑作品，是指以建筑物或者构筑物形式表现的有审美意义的作品。比如，北京 2008 奥运会场馆“鸟巢”“水立方”等。

（5）摄影作品，是指借助器械在感光材料或者其他介质上记录客观物体形象的艺术作品。这一作品类型对于那些从事图片类、文化类的企业具有重要价值。

（6）视听作品，是指通过机械装置能直接为人的视觉和听觉所感知的作品。视听作品的概念是 2020 年修改《著作权法》时新增的，这一概念将原来的电影、电视剧以及其他以类似摄制电影的方式创作的作品都包括进来了，而且可以包含更多种类的新作品形态，如近年来十分流行的游戏、短视频、中视频、体育赛事节目、动漫等作品类型。这一作品概念对从事游戏研发、短视频等行业的企业具有重要意义。

（7）工程设计图、产品设计图、地图、示意图等图形作品和模型作品。图形作品，是指为施工、生产绘制的工程设计图、产品设计图，以及反映地理现象、说明事物原理或者结构的地图、示意图等作品。模型作品，是指为展示、试验或者观测等用途，根据物体的形状和结构，按照一定比例制成的立体作品。值得一提的是，图形作品和模型作品与企业往往关系密切，他们一般都是作为职务作品而出现的，如建筑企业的设计师创作的建筑图纸、效果图、沙盘模型等，企业一方面需要注意作品的权利归属问题，另一方面需要注意作品保护问题。

（8）计算机软件，是指计算机程序及其有关文档。计算机软件可能是企业最为关注的作品类型了。因为现在“互联网＋”时代，几乎所有的企业经营都可能涉及软件。从事软件开发的企业自不必说，即使是从事其他各行各业的企业，都可能使用各种软件进行经营活动。即使自己不开发软件，也可能委托他人为自己开发软件和使用软件，那么在委托开发和使用软件过程中就会形成一系列基于软件作品的法律纠纷，如权属纠纷、软件开发合同纠纷、侵权纠纷等。另外，在软件使用过程中还会形成大量的客户数据，如人脸识别数据，基于这些数据还可能形成数据库保护、信息保护、个人隐私保护等一系列法律问题。“滴滴”被停止在美国上市其中就存在数据库中过敏信息泄露问题。我国现在已出台《个人信息保护法》《网络安全法》《数据安全法》等相关法律法规。互联网时代,企业的数据合规、信息安全保护合规等问题必将成为一个重要领域,企业应提前有这个风险意识。

(9)符合作品特征的其他智力成果。这是2020年《著作权法》修改新增的内容,是一个兜底条款。防止法律无法保护那些新出现的作品类形,如著名的"音乐喷泉"案,伴有优美音乐、绚丽灯光和水柱喷射的"音乐喷泉"到底是不是作品?再有,理发师理出来一个"冰淇淋"发型是不是作品?等等,有了这个兜底条款,就有助于解决这些新型作品的问题。

153.5岁儿童的涂鸦是作品吗?

先讲一个故事:虎子从小就喜欢涂涂画画,在他5岁的一天,虎子看到从幼儿园拿回来的水彩笔五颜六色,顿时心血来潮,在墙上一阵挥舞……虎子妈回来一看,这还得了,气得要打虎子。刚扬起手,却被墙上的涂鸦吸引住了,虽然朦朦胧胧,但这简直就是一幅江南水乡画啊,还是印象派的。虎子妈赶紧掏出手机拍照,发到朋友圈,宣传虎子的"大作"。没想到,发者无意,看者有心。有个不太熟的朋友看到这幅画,就把它下载下来,做了简单处理,授权给一个公司印制在工艺品茶杯上,再配上一首小诗,别有一番韵味。

后来虎子妈逛街,无意中看到这个工艺品,哎,怎么这么眼熟?再定睛一看,这不是虎子的"大作"吗?虎子妈心里窃喜,虎子的作品居然这么受欢迎,以后说不定成为一个大画家呢。但又觉得别人没经过我们同意就把虎子的画拿来使用,还能赚钱,就觉得应该讨个说法,但她又拿不定主意:5岁孩子的涂鸦,是不是法律规定的作品呢?能不能受保护?能不能起诉他们赔钱呢?

5岁儿童的涂鸦是否是作品,很多人的第一反应可能是:这怎么可能是作品?美术作品怎么着也得是美术学院的学生画出来的吧,那可都得要很高的艺术造诣才行吧?还真不一定。前面关于作品独创性的问题我们说过,《著作权法》上的作品要有独创性,但从没要求创作者的身份,只要一个东西满足独创性标准,就可能构成《著作权法》上的作品,就可以获得保护。尤其艺术类作品,这种作品有时还真不是看作者受过多少良好的教育,艺术造诣有多深,世界上许多伟大的艺术家往往都是精神病患者,但这不妨碍他的艺术成就。因此,5岁儿童涂鸦完全可能成为作品,受保护。而且在上述案例中,该涂鸦的作品已经被人使用,说明其具有一定的价值,更加能够肯定其艺术价值,说明这幅涂鸦能够满足独创性,是作品,虎子的妈妈可以要求侵权人承担侵权责任。

154.《中华人民共和国著作权法》条文受法律保护吗?哪些东西是不受《著作权法》保护的?

《著作权法》条文不受法律保护。我国《著作权法》对不受法律保护的对象有明确规定,不受《著作权法》保护的对象:

(1)法律、法规,国家机关的决议、决定、命令和其他具有立法、行政、司法性质的文件,及其官方正式译文法律、法规,国家机关的决议、决定、命令等需要广泛传播,目的有利于公民的学习、遵守、使用,规范公民的社会行为,维护正常的社会秩序。

(2)单纯事实消息。单纯的事实消息不具有独创性,不是作品,不受《著作权法》的保护。有些单纯事实消息需要广泛传播,如2022年在中国举办第24届冬季奥运会等,如果对单纯事实消息进行《著作权法》的保护,显然不利于传播。单纯事实消息经过加工、创作后,就是作品,受《著作权法》的保护。因此,如新闻评论文章,是有著作权的。

(3)历法、通用数表、通用表格和公式。历法是为了配合人们日常生活的需要,根据天文气象而制定的计算时间方法,历法分为阴历和阳历。历法与通用数表、通用表格、公式一样,属于人类的共同财产,不为任何人专有,已是一般社会常识,不具有独创性,不受《著作权法》的保护。

(4)思想。思想不受《著作权法》保护,这是人类文化传播的需要,因为思想如果被保护,被垄断,不利于人类文化传播、交流和延续。比如,一本介绍养花经验的书,张某买来这本书,学习了里面的养花技术和经验,这是侵权吗?当然不是,其实,这里的养花技术和经验就是这本书里的思想,这本书出版的目的不就是让别人能够学习书里的思想吗?但是如果张某学习之后,按捺不住自己内心的激动,我也想写一本书,介绍养花的经验,于是出了一本书,可是书中的内容70%是抄袭原来那本书,这就是侵权了,因为《著作权法》保护的是表达。因此在《著作权法》上有一个非常著名的“思想—表达二分原则”,即《著作权法》保护的仅仅是表达,而不是思想。但这一原则在个案中适用时主观性较强,又是《著作权法》上一个颇具魅力的点，当然也是争议点之一。实践中该领域的案件特别多，也很有意思。比如，用“同义词替换”来洗稿，通篇你找不到一个完整的句子与原著一模一样，但整个情节、结构、背景、线索、人物间关系等完全相同，网络媒体上经常能看到这种粗制滥造的稿子，像这种行为，就是侵权行为了。但现在也有很多电影跟风现象，如《人在囧途》火了之后，后又有《泰囧》《港囧》等，突出“囧”字，但这未必是侵权，因为他们只是思想相同，即“囧”这一主题思想，但拍出来的电影在人物角色、故事情节、故事背景、结局等方面完全不同，即使演员一样，也不是侵犯著作权的作品。不过，当年《人在囧途》诉《泰囧》案，《泰囧》的制片方确实败诉了，但败诉的原因不是著作权侵权，而是不正当竞争，原因就在于其电影宣传海报的“人在囧途之《泰囧》”这句话。

（5）过了保护期的作品。我们知道，知识产权都是有期限的，著作权也是一样，这是为了平衡知识产权人利益和公共利益。在我国，著作权保护期一般为作者终生及死后 50 年（具体保护期不同作品不一样，详见其他问题的回答）。其中，作者的署名权、修改权、保护作品完整权这些人身权利的保护期不受限制，除此之外作者的发表权、复制权、发行权等 14 项权利超过《著作权法》的保护期限，就不再保护，这些作品就进入公共领域。

155. 人工智能的生成物是作品吗？如果是，谁拥有著作权？

人工智能（Artificial Intelligence, AI）在近几年迅速崛起，站在了发展的前沿，从 AlphaGo、无人驾驶、智能机器人、北京冬奥会虚拟数字主持人冰冰等，人工智能已经走进人类的很多领域，人工智能创作物也应运而生，为文化、艺术和科学领域的发展提供了助推力，也对著作权制度提出了新的要求。

关于人工智能生成物能否构成作品，在国内外存在广泛争议，尽管我国《著作权法》未明确规定，但我国在司法实践中已经对人工智能生成物是否构成作品及其保护方式，进行了一定的探索。深圳市腾讯计算机系统有限公司诉上海盈讯科技有限公司侵害著作权及不正当竞争纠纷案，是全国首例认定人工智能生成的文章构成作品的生效案件（参见深圳市南山区人民法院（2019）粤 0305 民初 14010 号）。

正如该案的思路一样，目前国内对人工智能生成物可以构成作品还是持较为肯定的态度，不过，即使认定其可以构成作品，但是人工智能本身普遍不被承认为作品的著作权人,因为我国《著作权法》规定,享有著作权的主体为自然人、法人或非法人组织,这与《民法典》规定的民事权利主体是一致的。人工智能不是自然人、法人或非法人组织,不具有著作权人的主体资格。人工智能的研发者或者使用者,利用人工智能创作作品,才是该作品的著作权人。人工智能本身也是人创造的,在今天这个时代,人工智能还没有发展到像自然人一样具有自我意识、可以承担法律责任的地步,因此其本身还是法律关系的客体,不可能成为法律意义上的人,不可能成为著作权人。

156. 体育赛事节目是作品吗?

首先,体育赛事和体育赛事节目是两个不同的概念。体育赛事是客观发生的竞技体育活动具有唯一性,比赛结果也具有不确定性,展示的是运动员的力量、速度、技巧,也没有任何的设计因素在里面,不是《著作权法》意义上的作品,因此体育赛事不具有独创性,不属于《著作权法》中作品的范畴。正因如此,2006 年中国足协将"中国足协、版权所有"改成了"未经中国足协许可,不得转播"。

不过体育比赛的过程被电视台全程拍摄下来后形成的体育赛事节目有可能具备作品的属性,但这个问题也有争议。长时间以来,业界对体育赛事节目的定性一直是"录像制品",这是一个类似于作品的概念,可以受到《著作权法》上邻接权的保护,其权利人一般为电视台或其他节目摄制者。之所以定性为录像制品,是认为拍摄者对体育比赛的拍摄没有多少创造空间,再怎么转换角度和机位、慢镜头、剪辑等,也不可能像电影、电视剧一样,因为电影和类电作品是设计出来的,而体育节目是"踢"出来、"打"出来、"跑"出来、"跳"出来的,不可能有什么创造空间。

但近几年,随着央视等媒体设备的升级换代(如 2022 年冬奥会上,央视的"猎豹"摄像系统),拍摄技巧和技术的提升,对体育赛事节目的录像制品定性发起了挑战,在"新浪中超案"和"央视世界杯案"中,法院认为,作品独创性有无的判断不同于作品独创性高低的判断,只要有独创性,就可能是作品。体育赛事节目通常会有拍摄、字幕、解说、采访等,并且拍摄有多机位的设置、镜头的切换、精彩镜头的捕捉、慢动作的回放、运动员特写镜头的描写等,体现了创作者在其意志支配下的对连续画面的选择、编辑、处理等,因此体育赛事节目具有独创性,是智力成果,属于《著作权法》中作品的范畴。

第二节　著作权登记问题

157. 作品是否必须登记才能获得法律保护?

不是。作品自创作完成之日起,就获得《著作权法》的保护,这与商标、专利必须经过申请、审查、授权后才能获得法律保护有明显的区别。作品的完成、获得法律保护是一个事实行为,只要完成了作品就可以获得法律保护,而且所谓完成作品也不是说非要达到作品非常成熟的地步,如你写一篇小说,完成了小说的绝大部分,还是初稿,但已经可以获得法律的保护了。

我国《著作权法》对作品的登记没有强制性的规定,作者等著作权人可以向国家著作权主管部门认定的登记机构办理作品登记。那这是否意味着办理作品登记就是多余的呢?答案也是否定的。虽然登记不是必须的,但不登记有可能在以后的维权中发生问题。正是由于作品不需要经过国家专门机构的审查和授权,所以作品有没有完成、什么时间完成、是谁完成的,这些基本信息不像商标、专利一样,有国家专门机关的公告,如果遇到别人抄袭你的小说发表,你就要举证证明你的作品是在侵权人之前完成的,而且作品的权利人是你,此时举证责任是要你自己承担的,如果不能证明这些事项,就面临败诉的风险。而一旦作品及时登记了,就有了一个初步证据,如果对方拿不出证据推翻你的登记信息,你就完成了举证责任,对方就要承担侵权责任。

158. 权利人如何证明自己是著作权人?

如果权利人办理过作品登记,可以提供著作权登记证书,证明自己是著作权人。如果权利人没有办理作品登记,可以提供在作品或者制品上的署名,也可以提供涉及著作权的底稿、原件、合法出版物、公证机构出具的证明、取得权利的合同等,证明自己是著作权人。

159. 申请著作权登记有什么作用?

我国《著作权法》规定,作品登记采用"自愿原则",虽然登记与否不影响作品的著作权取得,但登记与否有可能影响作品保护的效果。

专利和商标需要经过国家专门机关的审查和授权,在授权之后有一个公告的程序,而且会发放相应的证书,且有专门的登记簿,具有公示公信力。而作品获得《著作权法》的保护不需要这一程序,虽然取得权利很简便,但在后来的维权过程中有一个问题,即怎么证明你的作品是你的作品。此时,著作权登记制度就有了它的价值。首先,申请著作权登记可以证明作品的著作权人,有助于确定作品的权利归属。尤其是有些作品的创作过程复杂,如委托创作、职务作品等,在作品完成后进行一个法律确认过程——著作权登记,对确定作品的权利归属具有非常重要的价值。

其次,在著作权纠纷中,著作权登记可以作为著作权人拥有权利的初步证据。当著作权人的权利被侵害后,在诉讼过程中,著作权人需要提供著作权的底稿、原件等证据,来证明对侵权作品享有著作权,而且要证明你的作品创作时间在先。这对证据的要求比较高。对一些没有发表或没有保存创作作品的相关证据则相对困难,一旦著作权人提供不了相关的证据,可能承担败诉的风险。如果著作权人有登记证书,则可以起到初步举证的作品,此时如果别人没有相反证据,法院一般会认定著作权人享有作品的著作权。

最后,申请著作权登记能保障权属,降低交易风险。随着人们保护著作权意识的提高,使用者在取得授权时,常常要求对方提供有权利授权的证明材料,以降低交易风险。在传统的作品领域,人们对作品的权利归属相对容易判断,但是对网络中的作品、计算机软件等作品,会出现难以确定权利人的情形,如果取得著作权登记证书,问题就容易解决。著作权登记有利于作品的许可、转让,有利于作品的传播和经济价值的实现。

160. 如何进行著作权登记?

我国实行作品自愿登记制度,著作权人可以将作品按照要求的材料,向国家著作权主管部门认定的登记机构办理作品登记,取得版权局颁发的登记证书,作为享有著作权的有效凭证。目前我国著作权主管部门认定的登记机构是中国版权保护中心。中国版权保护中心作品著作权登记流程见图2:

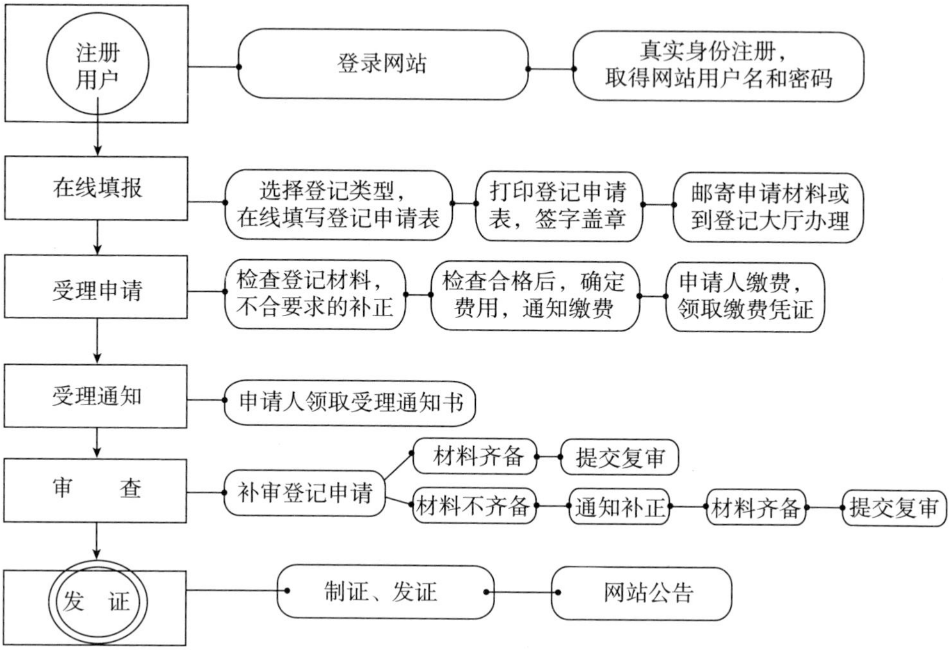

图2　作品著作权登记流程

161. 申请著作权登记需要提交什么材料？

根据中国版权保护中心的规定，一般作品的登记需要提交如下材料：

(1)《作品著作权登记申请表》；

(2)申请人身份证明文件；

(3)权利归属证明文件(个人作品不需要提供该项)；

(4)委托他人代为申请时，代理人应提交申请人的授权书(代理委托书)及代理人身份证明文件；

(5)作品样本。

软件著作权登记比较特别，根据中国版权保护中心的规定，软著登记申请文件应当包括软件著作权登记申请表、软件的鉴别材料、申请人身份证明、联系人身份证明和相关的证明文件各一式一份。其中，软件的鉴别材料中需要提交计算机软件的部分源代码，具体规定可参见中国版权保护中心网站的登记指南。

162. 著作权登记的费用是多少？

根据中国版权保护中心的规定，著作权自愿登记收费标准如表 5 所示（2018 年 10 月 26 日修订）。

表 5 著作权自愿登记收费标准

收费项目	计价单位	收费标准	备注
文字、口述作品	件	100 字以下 100 元 101～5000 字 150 元 5001～10,000 字 200 元 1 万字以上 300 元	系列作品登记第二件起每件 100 元
音乐作品	件	词曲 300 元，曲 200 元	系列作品登记第二件起每件 100 元
戏剧作品	件	300 元	系列作品登记第二件起每件 100 元
曲艺作品	件	300 元	系列作品登记第二件起每件 100 元
舞蹈作品	件	300 元	系列作品登记第二件起每件 100 元
杂技作品	件	300 元	系列作品登记第二件起每件 100 元
美术作品	件	300 元	系列作品登记第二件起每件 100 元
摄影作品	件	300 元	系列作品登记第二件起每件 100 元
工程设计图、产品设计图	件	500 元	系列作品登记第二件起每件 100 元
地图、示意图	件	500 元	系列作品登记第二件起每件 100 元
模型作品	件	500 元	系列作品登记第二件起每件 100 元
建筑作品	件	1500 元	系列作品登记第二件起每件 100 元
电影作品	件	2000 元	系列作品登记第二件起每件 100 元
以类似摄制电影的方法创作的作品	件	超短片 <1 分钟 200 元	系列作品登记第二件起每件 50 元
		1～5 分钟 300 元	系列作品登记第二件起每件 50 元
		5～10 分钟 400 元	系列作品登记第二件起每件 100 元
		10～25 分钟 800 元	系列作品登记第二件起每件 200 元
		25～45 分钟 1000 元	系列作品登记第二件起每件 300 元
		超过 45 分钟 2000 元	系列作品登记第二件起每件 400 元
		电视剧 100 元/集	

续表

收费项目	计价单位	收费标准	备注
汇编作品	件	2000 元	系列作品登记第二件起每件 100 元
多媒体汇编作品	件	2000 元	系列作品登记第二件起每件 100 元
其他作品	件	2000 元	系列作品登记第二件起每件 100 元
变更登记	次	按照申请登记收费标准的 50% 收取	
补办证书	次	按工本费 50 元/个收取	
撤销登记	次	80 元	
录音制品	件	歌曲 300 元/首，专辑 2000 元 其他 0.5 小时以内 300 元 0.5 小时以上 500 元	系列作品协商确定
录像制品	件	0.5 小时以内 300 元 每多 0.5 小时加 100 元	系列作品协商确定
版式设计	件	500 元	系列作品协商确定
广播、电视节目	件	0.5 小时以内 300 元 0.5 ~ 1 小时 500 元 1 小时以上 800 元	系列作品协商确定
表演	件	按照表演作品的类型著作权登记收费标准执行	系列作品协商确定
复制登记档案材料	页/张	A4 纸 1 元/页 光盘 10 元/张	其他纸张视具体情况确定收费数额
证书邮寄费	件	挂号信（1 ~ 4 个证书）15 元 挂号信（5 ~ 30 个证书）20 元 挂号信（30 个以上证书），每增加 1 ~ 30 个证书的，在 20 元的基础上多收 20 元 EMS（邮寄到中国大陆各省市区）22 元/件	挂号信中的证书数量以同一著作权人同一次提交的申请表件数相加确定 邮寄到港澳台及国外的 EMS 视具体地区确定收费数额

另外,出于对软件产业的支持,自2017年起,中国版权保护中心已经取消了软件著作权登记的费用。这些费用包括:软件著作权登记申请费(含申请例外交存手续费);软件著作权登记证书费;软件著作权合同登记费;变更或补充登记费;软件源程序封存保管费以及查询费。

还有一个值得关注的是信息,我国的著作权登记除了中国版权保护中心之外,还有一些省级的登记系统。这些省级登记系统的登记同样具有作品认证证据的法律效力,而且有些地方为了鼓励作品登记,其作品登记是免费的,企业可以了解一下当地的情况,灵活选择登记机构。

163. 企业如何利用新型技术进行著作权存证?

随着信息技术的发展,对作品著作权的固定,除了著作权登记之外,还有其他一些方式可以使用。比如,新型公证技术、时间戳等。

首先,向公证机构申请保存证据是传统的也是法律效力较高的存证技术,对于作品著作权归属的证明,公证仍然可以起到非常重要的作用。我国《民事诉讼法》第72条规定:"经过法定程序公证证明的法律事实和文书,人民法院应当作为认定事实的根据,但有相反证据足以推翻公证证明的除外。"因此,如果企业想对自己的作品著作权存证,完全可以通过公证的方式,不过公证方式费用较高,程序也较为烦琐。不过近年来,随着公证处的一系列改革和新技术的采纳,公证处的公证方式也发生了较大程度的改变,逐渐变得快捷、便利,也一定程度上降低了费用。比如,为了适应现代网络取证的需求,公证处也可提供在线公证业务,速度快、灵活度高,法律效力也高。

其次,随着区块链技术的发展,也出现了一些新型存证技术。由于区块链技术具有不可篡改、追根溯源、分布式共识等特点,现在也被广泛使用在著作权存证领域。这其中,可信时间戳就是一个常见的方式。

可信时间戳是由联合信任时间戳服务中心签发的一个电子凭证,其可对网络截屏、视频、图片、现场等对象进行存证。其存证原理就是可以证明电子数据在申请认证时已经存在,以及电子数据文件的时间、内容。由于时间戳利用的是区块链技术,具有不可篡改性,现在在司法实践中也越来越得到法院的认可,因此企业对于自己的作品,也可采用时间戳方式进行存证。这种方式操作便捷,自己动手,费用很低,非常实用。

第三节　著作权人的权利问题

164. 在《著作权法》中，著作权人享有哪些权利？

著作权是一个权利束，其中包含许多权利项，这些权利主要规定在《著作权法》第 10 条中，具体包括：

(1)发表权，即决定作品是否公之于众的权利；

(2)署名权，即表明作者身份，在作品上署名的权利；

(3)修改权，即修改或者授权他人修改作品的权利；

(4)保护作品完整权，即保护作品不受歪曲、篡改的权利；

(5)复制权，即以印刷、复印、拓印、录音、录像、翻录、翻拍、数字化等方式将作品制作一份或者多份的权利；

(6)发行权，即以出售或者赠与方式向公众提供作品的原件或者复制件的权利；

(7)出租权，即有偿许可他人临时使用视听作品、计算机软件的原件或者复制件的权利，计算机软件不是出租的主要标的的除外；

(8)展览权，即公开陈列美术作品、摄影作品的原件或者复制件的权利；

(9)表演权，即公开表演作品，以及用各种手段公开播送作品的表演的权利；

(10)放映权，即通过放映机、幻灯机等技术设备公开再现美术、摄影、视听作品等的权利；

(11)广播权，即以有线或者无线方式公开传播或者转播作品，以及通过扩音器或者其他传送符号、声音、图像的类似工具向公众传播广播的作品的权利，但不包括信息网络传播权；

(12)信息网络传播权，即以有线或者无线方式向公众提供，使公众可以在其选定的时间和地点获得作品的权利；

(13)摄制权，即以摄制视听作品的方法将作品固定在载体上的权利；

(14)改编权，即改变作品，创作出具有独创性的新作品的权利；

(15)翻译权，即将作品从一种语言文字转换成另一种语言文字的权利；

(16)汇编权,即将作品或者作品的片段通过选择或者编排,汇集成新作品的权利;

(17)应当由著作权人享有的其他权利。

在上述17项权利中,前4项属于著作人身权,其他属于著作财产权。由于著作人身权具有身份属性,因此不能转让和许可,其保护期也与著作财产权不同。比如,署名权,它不仅伴随作者终生,而且在作者死后也永远不会改变。《红楼梦》的作者曹雪芹,这个署名权永远不会改变,也不可能转让和许可。而著作财产权是可以给著作权人带来经济收益的权利,因此可以转让、许可,即进行经济上的利用。比如,金庸可将其武侠小说授权给一个制片人拍摄电视剧,就是将这部小说的"摄制权"许可使用了。由于著作财产权项目众多,在著作权利用合同中必须明确约定是哪些权利转让或许可,这就导致著作权利用过程中复杂的情形。比如,金庸一方面许可《天龙八部》的摄制权给甲公司拍电视剧,另一方面可以许可《天龙八部》的信息网络传播权给乙公司在网络平台传播,这些权利是可以分开行使的。

165. 著作权人享有的人身权和财产权有什么不同?

知识产权是一种复合型的权利,既包括人身权也包括财产权,著作权也包括人身权和财产权。著作人身权是与作者的人身不可分割的权利,其权利内容、对该权利的侵犯往往与作者的荣誉、名誉相联。比如,文学作品的诞生往往是作者人生经历的体现,有些作家毕其一生就创作一部作品,所以在文艺界有一种说法,作品就像是作者的孩子,怀胎若干年才呱呱坠地,因此作者对其作品有一种精神的寄托,不容许改变。实践中有这种情况,如别人对作品改编时由于改变程度过大,导致作品的思想改变,就可能损害作者对作品赋予的初衷,从而导致对作者名誉、荣誉的侵害。因此著作人身权具有精神权利属性,不能转让和继承,也因如此,对著作权的侵害才有了消除影响、赔礼道歉的责任承担形式。另外,著作人身权保护期不受限制,也不受《著作权法》上合理使用等制度限制。

而著作财产权是经济权利,行使财产权的后果是获得经济收益,因此著作财产权是作者获得经济收益的基础,所谓著作权的运营和管理也主要是针对财产权利而言的。著作财产权可以转让、继承、许可,通过这些方式获得经济效益。不过与著作人身权不同的是,著作财产权有确定的保护期,最长也不过是作者终生及死后50年,通过保护期的限制来平衡著作权人利益和公共利益,过了保护期之后,除了著作人身权,作品就进入了公共领域,任何人可以免费地、自由地利用。另外,即使在保护期内,著作财产权也会受到合理使用、法定许可等限制,目的是促进作品的正当利用和传播。

166. 著作权保护期有多长?

按照我国《著作权法》的规定,著作权的保护期要分不同情况,具体而言:

(1)作者的署名权、修改权、保护作品完整权的保护期不受限制。

(2)自然人的作品,其发表权、各项财产权的保护期为作者终生及其死亡后50年,截至作者死亡后第50年的12月31日;如果是合作作品,截至最后死亡的作者死亡后第50年的12月31日。

(3)法人或者非法人组织的作品、著作权(署名权除外)由法人或者非法人组织享有的职务作品,其发表权的保护期为50年,截至作品创作完成后第50年的12月31日;财产权的保护期为50年,截至作品首次发表后第50年的12月31日,但作品自创作完成后50年内未发表的,《著作权法》不再保护。

(4)视听作品,其发表权的保护期为50年,截至作品创作完成后第50年的12月31日;著作权中财产权的保护期为50年,截至作品首次发表后第50年的12月31日,但作品自创作完成后50年内未发表的,《著作权法》不再保护。

值得注意的是,不同国家的著作权保护期不同,如美国就规定了70年的较长保护期。

第四节　著作权归属问题

167. 著作权归属于谁?

(1)著作权属于作者,但作者不仅包括自然人,也包括法人、非法人组织。在实际生活中,一般是自然人创作作品,创作作品的自然人是作者,但存在法人或非法人组织视为作者的情形:由法人或者非法人组织相关人员,代表法人或者非法人组织意志创作,并由法人或者非法人组织承担责任的作品,法人或者非法人组织视为作者。对企业而言比较重要的就是这种法人作者的情况,也就是说，企业是有可能成为作者的。实践中像工程设计图、产品设计图、地图、示意图以及计算机软件，只要能够满足主要是利用法人或者非法人组织的物质技术条件创作，并由法人或者非法人组织承担责任这一要件，一般来说就属于法人作品，作者只享有署名权，著作权中的其他权利由法人享有。法人作为作者的还有报社、期刊社、通讯社、广播电台、电视台的工作人员创作的职务作品。

(2)改编、翻译、注释、整理已有作品而产生的作品，其著作权由改编、翻译、注释、整理人享有。

(3)两人以上合作创作的作品，著作权由合作作者共同享有。但是没有参加创作的人，不能成为合作作者。合作作品问题在实践中是一个纠纷多发的领域，尤其是合作者是企业的情况下。不仅涉及职务作品判断，还涉及合作作品权利归属问题，还会关系到合作作品利用问题，是最为复杂的一种局面。因此企业如果涉及合作创作作品，一定要事先咨询知识产权律师，在合同文本中做好约定，防止事后出现纠纷。

(4)汇编作品的著作权由汇编人享有。

(5)视听作品中的电影作品、电视剧作品的著作权由制作者享有，其他的视听作品的著作权归属由当事人约定；没有约定或者约定不明确的，由制作者享有。

(6)受委托创作的作品，著作权的归属由委托人和受托人通过合同约定。合同未作明确约定或者没有订立合同的，著作权属于受托人。委托创作合同也是实践中一个争议点较多的领域，也是需要企业在合同中进行提前约定的，需要特别注意。

168. 企业也可能是作者吗？

有可能。按照有些国家的规定，企业是法律拟制的人，因此不可能成为作者，因为创作作品的人必定是有血有肉的自然人，企业怎么可能会创作作品呢？但是根据我国《著作权法》的规定，企业有可能“视为作者”。

因此，一般情况下，创作作品的自然人是作者。但是由企业法人主持，代表企业法人意志创作，并由企业法人承担责任的作品，企业法人视为作者。

169. 职务作品的著作权都属于企业吗?

不是。在我国,职务作品分为普通职务作品和特殊职务作品两种。普通职务作品著作权由作者享有,但法人或者非法人组织有权在其业务范围内优先使用。作品完成2年内,未经单位同意,作者不得许可第三人以与单位使用的相同方式使用该作品。特殊职务作品著作权归单位享有,作者只享有署名权。

特殊职务作品的种类有限,根据《著作权法》的规定,有下列情形之一的职务作品,作者享有署名权,著作权的其他权利由法人或者非法人组织享有,法人或者非法人组织可以给予作者奖励:

(1)主要是利用法人或者非法人组织的物质技术条件创作,并由法人或者非法人组织承担责任的工程设计图、产品设计图、地图、示意图、计算机软件等职务作品;

(2)报社、期刊社、通讯社、广播电台、电视台的工作人员创作的职务作品;

(3)法律、行政法规规定或者合同约定著作权由法人或者非法人组织享有的职务作品。

170. 委托他人创作的作品著作权属于谁?

根据我国《著作权法》的规定,受委托创作的作品,由委托人和受托人通过合同约定著作权的归属,合同未作明确约定或者没有订立合同的,著作权属于受托人。这个条款的规定极其简单,但许多企业未必真正明白其中的内涵。比如,甲公司委托乙公司开发一个游戏软件,软件如约开发出来了,甲公司也正常使用了,但用了3年后,甲公司忽然收到乙公司发来的函件,称原来合同约定的3年使用权到期,如果继续使用,需要重新签订许可合同,并支付100万元许可使用费。甲公司完全不知所措了,因为他始终以为委托乙公司开发完软件,这个软件的著作权就属于甲公司了。但看了合同之后才发现,原合同上并未约定软件的权利归属,且有使用期3年的约定。这个案件就是甲公司对委托开发创作作品条款的误读所致。简单说就是,委托创作作品的权利归属,有约定的从约定,无约定的归受托人,也就是实际创作人所有。本案中乙公司是实际创作人,合同有没有约定软件归属,因此乙公司是著作权人,而根据合同的约定,甲公司只享有一个许可使用权,到期后还要继续支付许可使用费,造成了巨大损失。

171. 合作创作的作品著作权属于谁?

根据我国《著作权法》的规定,两人以上合作创作的作品,著作权由合作作者共同享有。这是关于合作作品著作权归属的一般规定。不过,在这一一般原则之外,情况实际上要复杂得多。

首先,什么叫合作创作?需要界定。所谓合作创作,是指双方对一个作品的的产生都有实际的贡献,如一篇书稿,一个人写出初稿,另一个人修改,两人还经常探讨交流,如何行文,文章结构如何,语言风格如何等。两个人都对作品的产生有实质贡献,都是作者,属于合作创作,共同享有著作权。

但如果创作过程中,甲是那个真正构思、写作的人,乙只是按照甲的指示在图书馆给甲找了一些参考书,还有就是提供了一个清净的小院子,帮助甲搞创作,最多就是在甲写完稿子后,乙第一个看了手稿,简单说了一下自己的感受,这样的情况,乙并不是合作创作人。《著作权法》对此有规定:没有参加创作的人,不能成为合作作者。

有时候表面看来是合作创作关系的合同未必真的是合作。比如,甲、乙两个企业签订了一个合作开发软件的合同,合同履行过程中,甲乙各派了一个员工参与这个项目,甲企业的员工主要做的工作是负责给乙企业支付开发软件所需的资金,并提供甲企业用于开发软件的相关素材和要求,乙企业的员工实际上进行代码的编写、软件界面的设计以及软件测试和运行、修改等工作。这种情况下,实际上不是一个合作创作作品的合同,而是委托创作的法律关系了。那么在著作权的归属上,实际上要适用委托创作的规则。

172. 电影作品的著作权属于谁?

根据我国《著作权法》的规定,视听作品中的电影作品、电视剧作品的著作权由制作者享有,但编剧、导演、摄影、作词、作曲等作者享有署名权,并有权按照与制作者签订的合同获得报酬。

电影作品是视听作品中的主要作品类型,对电影作品著作权的归属,2020年《著作权法》修订之前,规定是归制片人享有,新法规定归制作者享有,虽然两个概念稍有不同,但这不影响这一规则的延续性,即电影作品(包括电视剧)这种典型的视听作品的著作权,归属于制作者。那么实践中谁是制作者?电影产业界的用语是“制片人”或“制片方”，其实就是电影的投资方。有些人可能会有误解，认为电影作品归属于导演，因为我们常看到“×××导演作品”这种字幕和宣传语，但电影作品实际上的著作权人不是导演，而是制片方。导演享有的只有署名权和获得报酬权。法律之所以这样规定，是因为像电影、电视剧这样的高投资、高集成性的作品，不是某一个人可以完成的，它需要各方资源的调度、资金的筹集，最重要的是投资最终是否成功的后果要有资方承受，因此权利归属于制片方是合理的。

173. 短视频作品的著作权属于谁？

短视频是近年来十分火爆的视听作品类型，不过短视频种类繁多，样式各异，有单人制作的简单生活记录，有三两个人创作的情景小剧，有舞蹈、有音乐、有电影解说等。那么这些短视频著作权如何归属呢？

2020 年修改《著作权法》时，新增了“视听作品”的概念，影视作品也被放在了“视听作品”这个上位概念之中，短视频按照原来的《著作权法》，应该属于类电作品（以类似摄制电影的方法创作的作品），但现在明显是视听作品的一种了。对于该种作品，《著作权法》有针对性规定，即前款规定以外（影视作品以外）的视听作品的著作权归属由当事人约定；没有约定或者约定不明确的，由制作者享有，但作者享有署名权和获得报酬的权利。

可见，这些其他的视听作品类型如游戏、短视频、中视频、有声书、动漫等等，要按照约定优先的规则确定权利归属。短视频就属于这种类型的视听作品，因此也是按照约定优先的规则确定权利归属。如果约定不明确，由制作者享有，当然，如果短视频本身就是单人创作的，就不再区分所谓制作者和自然人作者了。如果确实有投资人，那么可以按照《著作权法》的规定确定权利归属。

174. 计算机软件作品的著作权属于谁？

根据《计算机软件保护条例》《著作权法》等的相关规定，计算机软件著作权的归属要分不同情况：

首先，如果是一个自然人单独开发的，当然没有争议，著作权属于他自己。

其次，更常见的情况是，由于大型计算机软件往往不是一个人能够完成的，而且投入资金也较大，如大型网络游戏或者办公软件、设计软件等，一般是单位主持之下确定的开发项目，由单位筹集资金，组织员工写代码、设计界面等，而且一般也是由单位承担软件开发的一切责任，如开发失败、违约、侵权等，因此这种情况下软件作品属于“特殊职务作品”，著作权归属于单位，开发人员享有署名权和获得报酬权。

最后，如果计算机软件涉及委托开发、合作开发的情况，则权利归属要按照委托开发、合作开发的规则确定。对此，可以参见本书关于委托开发、合作开发作品归属问题的条目。

175. 图形作品的著作权属于谁？

图形作品，是指为施工、生产绘制的工程设计图、产品设计图，以及反映地理现象、说明事物原理或者结构的地图、示意图等作品。

如果图形作品的创作完全是个人行为，那么著作权当然属于自然人作者。不过实践中，图形作品往往会关系到企业、单位。比如，一个建筑设计公司，接到甲方委托设计建筑，但真正完成设计任务的是其员工——建筑设计师，在这种情况下，建筑设计师是在完成法人或者非法人组织的工作任务，这些作品不仅是职务作品，而且一般也是员工的单位承担责任的，因此属于特殊职务作品，著作权归属于单位，员工享有署名权和获得报酬权。

176. 企业如何通过合同约定避免作品权属风险？

由于《著作权法》中多处规定了“约定优先”的基本原则，企业在对外开展经营活动，以及对内安排员工从事创作性活动时，要善于通过合同约定避免作品权属风险。

具体而言，在对内方面，主要体现在职务作品问题上，由于职务作品分为普通职务作品和特殊职务作品。特殊职务作品权属归于企业、单位，这一点对企业较为有利，不过也有前提条件，即需要满足“主要是利用法人或者非法人组织的物质技术条件创作，并由法人或者非法人组织承担责任的”条件，因此企业需要做好这方面的证据固定，防止发生纠纷时无法证明。

问题的核心在于普通职务作品，因为根据《著作权法》的规定，特殊职务作品仅限于“四图一软”（工程设计图、产品设计图、地图、示意图、计算机软件），以及报社、期刊社、通讯社、广播电台、电视台的工作人员创作的职务作品，其他未明确规定的均属于普通职务作品。而普通职务作品的著作权归属于员工个人，企业只有使用权。

不过好在《著作权法》有规定，普通职务作品的权属可以通过合同约定归属于单位。因此，企业一定要利用好这一规定，通过合同约定将普通职务作品的权属归于企业，这就需要在布置下达创作任务时就提前与员工签订好合同，或者也可在劳动合同中作出约定。

对外方面，作品权属风险主要发生在合作创作作品、委托创作作品、除电影和电视作品以外的其他视听作品创作，以及著作财产权的转让和许可等活动中。在这些活动中需要关注的是合同签订阶段，一定要反复研究合同条款，确认著作权归属条款的约定是否对自己有利，如果自己确定不了，一定要聘请知识产权律师（注意，非知产专业律师对知识产权问题并不了解）进行风险把控。

177. 共有著作权人如何行使著作权？

一个作品有两个或两个以上的著作权人，称为“共有作品”，就像一个物为多人共有一样，作品为多人共有也会带来权利行使时的一系列问题。两企业共有一个软件，一个企业要许可给第三人使用，另一个企业要自己使用，怎么办？许可给第三人使用获得的收益能为一个企业独自享有吗？这些问题企业需要高度关注。

根据《著作权法》的规定，共有著作权人行使著作权分两种情况，一是作品可以分割使用；二是作品不能分割使用。

对于能够分割使用的，比较好办。根据《著作权法》的规定，合作作品可以分割使用的，作者对各自创作的部分可以单独享有著作权，但行使著作权时不得侵犯合作作品整体的著作权。典型的例子如电影作品中的电影主题曲，电影主题曲本就是一个独立的音乐作品，那么该音乐作品的著作权人即作词作曲者可以单独将该音乐作品拿去使用，如许可唱片公司制作唱片，许可网络音乐平台通过信息网络传播等，获得的收益也是音乐著作权人自己的。但主题歌的著作权人不能在许可别人使用时附带上电影的片段，这就侵犯了合作作品整体的著作权。

对于不能分割使用的，情况比较复杂。2020 年修改《著作权法》时对该问题作了较大修订，企业应该掌握这一规则。按照最新规定，合作作品的著作权由合作作者通过协商一致行使;不能协商一致,又无正当理由的,任何一方不得阻止他方行使除转让、许可他人专有使用、出质以外的其他权利,但是所得收益应当合理分配给所有合作作者。

这个规则包含以下几层含义:第一,合作作品著作权的行使最好的方式是协商一致,法律鼓励协商,"和为贵",也不容易发生纠纷。第二,如果不能协商一致,任何一方不能阻止他方利用该作品,如两个企业共有的软件,没有正当理由,一方不能阻止另一方将该软件以普通许可的方式许可第三人使用,获取收益,或者由另一方自己使用。但另一方不能转让该软件,不能以独占许可、排他许可方式许可第三人使用该软件,也不能以该软件出质,这是三个例外。第三,无论哪一方的使用,所获收益应当合理分配给所有合作作者。也就是说,虽然你可以按照法律规定的方式行使合作作者的权利,但收益不能独吞,其他合作作者毕竟是作者,也有权获得作品的收益。

第五节 著作权侵权问题

178. 企业如何进行著作权维权?

我国对著作权的保护实行"双轨制",即行政保护和司法保护两个轨道,也就是说,企业的知识产权维权有两种途径可以采用。一是请求行政部门执法,打击著作权侵权行为;二是提起民事诉讼,请求法院判令侵权人承担民事侵权责任。这是著作权维权的大框架。

行政保护方面,如果企业发现有侵权现象,可以向地方版权局投诉,申请行政执法,查处打击侵权行为。这一途径尤其对于盗版这种严重的侵权行为有效。

当然,权利人投诉时应该按照版权局的要求提交相应的材料,主要是权属证明材料、侵权行为的线索材料、侵权人的身份信息等,以实现快速维权。

司法保护方面,就是企业提起著作权侵权民事诉讼。这一途径最好是聘请专业的知识产权律师,因为著作权侵权诉讼专业性很强,不要说企业自己,一般的不专门从事知识产权业务的律师都不敢随意进入。这里面涉及若干的法律规定,如哪个法院有管辖权,原告的权利有没有瑕疵,侵权人的身份信息调取,侵犯了著作权中的什么权利,要求被告承担什么侵权责任,损害赔偿该怎么主张等,如果再面临一些特殊的问题，如软件侵权，技术性很强；再如，面临一种新作品形态，或者侵权行为，法律规定不完善，就更复杂了。这些问题都很专业，需要专业律师把关和代理。

行政保护和司法保护都能实现对著作权的保护，不过两者各有利弊。行政保护效率较高，依靠行政机关的执法，更有利于实现快速保护。不过行政保护的结果是让侵权人承担行政责任，如停止侵权、罚款、销毁侵权复制品等，但对于原告的损害赔偿请求只能进行调解，不能像法院一样判决，因此这一点对权利人不利。民事侵权诉讼的司法保护方式需要原告承担较高的举证责任，诉讼周期较长，但好处是损害赔偿的诉求能够得到法院的判决书支持，有利于企业获得实实在在的赔偿。

另外，企业著作权维权还有一个力度最大但不一定用得上的途径，就是刑事指控。我国《刑法》规定有侵犯著作权罪的相应罪名，主要针对的是故意的盗版行为，如果侵权行为能够满足入罪标准，可向公安机关报案，启动刑事力量阻止犯罪，阻止侵权。同时可以在刑事诉讼过程中主张民事赔偿。但毕竟刑事犯罪要求条件苛刻，大多数的著作权侵权行为未必能够达到入罪标准，因此这个方式不太常用。

最后说一句题外话，实际上企业著作权维权应该是企业最后采取的手段。真正最好的方案是防范风险的发生，因此企业在维权之外应该首先考虑的是提高知识产权风险意识，做好风险管控。一方面避免自己侵犯别人的知识产权；另一方面真正遇到别人侵权时，能够做到证据齐全，凡诉必胜，百诉百胜！

179. 企业如何应对著作权侵权诉讼？

随着我国知识产权保护的强化，现代企业经营中经常会遇到知识产权侵权的问题，著作权侵权诉讼离我们的企业也并不遥远。比如，你可能购进一种玩具，或者书籍、女士手提包、文具等用来销售，或者在企业公众号上转载了一篇文章，一个图片，或者在网店里用了几幅网上下载的图片，都可能一不小心被人起诉侵权。那么当企业遇到侵权诉讼，该如何应对呢？

首先，判断企业是否构成侵权，如果自己判断不了，可以咨询专业的知识产权律师，分析是否构成侵权。这个分析过程十分复杂，因为它涉及原告方权利是否有瑕疵，侵权行为的具体方式和情节，有没有合理使用等可以抗辩的理由，损害赔偿数额的预估等。

其次,如果确定构成侵权,可以与对方协商解决侵权事宜,如果双方达成一致意见,应签订和解协议或者调解协议。如果不能协商解决,应及时准备应诉,至少从损害赔偿额方面进行抗辩,尽可能减少损失。

最后,其实是最重要的,即“防患于未然”。实践中我们接触的大量企业都是在经历一次或几次的知识产权纠纷后才开始意识到知识产权问题的重要性,为此交了不少学费。但实际上很多纠纷本不应该发生。比如,有企业在网上售卖游乐设施,该游乐设施做成了熊大、熊二、光头强等造型,或者含有这些动漫形象造型,结果被权利人诉至法院。对于《熊出没》中这样十分火热的动漫形象,企业居然没有意识到这样做的侵权风险(或者说企业是明知而存侥幸心理),说明企业的知识产权保护意识需要极大提高,以及对权利人维权的决心和对司法实践现实的认知需要迅速改变。

所以,应对著作权侵权诉讼并不是最重要的,最重要的是,企业应该提前进行知识产权风险防范,避免自己陷入著作权侵权诉讼的泥潭。最好的方式是邀请知识产权专业律师对企业进行知识产权风险防控指导,制定详细的风险防控措施,平时就坚持履行和做到规范化。企业老板和员工都应该加强知识产权意识的培养,聘请知识产权专家、律师对企业人员进行知识产权风险防控意识和知识的培训,避免类似的情况发生。

180. 侵犯著作权的民事责任有哪些?

侵犯著作权的民事责任包括停止侵害、消除影响、赔礼道歉、赔偿损失,还包括责令销毁侵权复制品,责令销毁主要用于制造侵权复制品的材料、工具、设备,责令禁止制造侵权复制品的材料、工具、设备等进入商业渠道。

在各种民事责任中,停止侵害是一个常见的责任形式。一般权利人在诉讼时,第一个诉求都是停止侵害。

消除影响和赔礼道歉在著作权侵权诉讼中不是绝对适用,一般是存在侵犯著作人身权的情况时法院才会支持的。2021 年郭敬明道歉事件就是这两个责任承担的典型例证。

赔偿损失是著作权侵权中最重要的责任形式,权利人维权的目的,除了消除影响、赔礼道歉之外,更多的是经济利益的诉求,因此赔偿损失一直是著作权侵权责任中的重中之重。我国在2020年《著作权法》修订时一个讨论最多的条款就是赔偿损失的计算和法定赔偿数额的问题。经过修订,目前侵害著作权的法定赔偿额是500元以上500万元以下,标准有了极大提高。另外,惩罚性赔偿也被引入了著作权侵权损害赔偿责任中,即对故意侵犯著作权或者与著作权有关的权利,情节严重的,可以已经确定的损害赔偿额为基础,处1倍以上5倍以下的赔偿。另外,侵权人的赔偿数额还应当包括权利人为制止侵权行为所支付的合理开支。也就是说,权利人维权支出的律师费、差旅费、公证费等费用可以要求侵权人支付。

181. 侵犯著作权的行政责任有哪些?

根据《著作权法》的相关规定,侵犯著作权的行政责任包括:停止侵权行为,予以警告,没收违法所得,没收、无害化销毁处理侵权复制品以及主要用于制作侵权复制品的材料、工具、设备等,违法经营额5万元以上的,可以并处违法经营额1倍以上5倍以下的罚款;没有违法经营额、违法经营额难以计算或者不足5万元的,可以并处25万元以下的罚款。

182. 侵犯著作权的刑事犯罪中定罪与量刑是怎样的?

企业在涉及著作权的侵权中,还有一点需要重点关注,尤其是企业的老板、高管人员需要重点关注,即侵犯著作权的刑事责任。虽然著作权侵权有一定的入罪标准,一般不会涉及犯罪,但随着我国目前知识产权保护水平的提高,近几年知识产权犯罪入罪标准一再降低,所以还是存在一定风险。

我国《刑法》规定的涉及著作权的犯罪一共有两个罪名,即侵犯著作权罪和销售侵权复制品罪。侵犯著作权罪规定在《刑法》第217条,销售侵权复制品罪规定在《刑法》第218条。

根据我国《刑法》第217条的规定,以营利为目的,有下列侵犯著作权或者与著作权有关的权利的情形之一,违法所得数额较大或者有其他严重情节的,处3年以下有期徒刑,并处或者单处罚金;违法所得数额巨大或者有其他特别严重情节的,处3年以上10年以下有期徒刑,并处罚金:

(1)未经著作权人许可,复制发行、通过信息网络向公众传播其文字作品、音乐、美术、视听作品、计算机软件及法律、行政法规规定的其他作品的;

(2)出版他人享有专有出版权的图书的;

(3)未经录音录像制作者许可,复制发行、通过信息网络向公众传播其制作的录音录像的;

(4)未经表演者许可,复制发行录有其表演的录音录像制品,或者通过信息网络向公众传播其表演的;

(5)制作、出售假冒他人署名的美术作品的;

(6)未经著作权人或者与著作权有关的权利人许可,故意避开或者破坏权利人为其作品、录音录像制品等采取的保护著作权或者与著作权有关的权利的技术措施的。

另根据《刑法》第217条相关的司法解释,违法所得数额在3万元以上,或者非法经营数额在5万元以上,或者非法复制品在1000张(份)以上的,即可满足“数额较大”的条件,就可处3年以下有期徒刑了。而且2020年《刑法修正案十一》通过后,该罪的法定最高刑期从7年提高到10年。

另外,目前以信息网络传播方式进行的侵权行为较为常见,如将一部电影上传到网盘中供人下载,你只要点击几下鼠标可能就构成了侵犯信息网络传播权行为,要比现实中制作盗版光盘容易得多,也容易让人忽略这种行为的法律严重性。如果这种行为或非法经营额达到一定数额,也可能构成犯罪。

销售侵权复制品罪规定在《刑法》第218条。根据该条规定,以营利为目的,销售明知是本法第217条规定的侵权复制品,违法所得数额巨大或者有其他严重情节的,处5年以下有期徒刑,并处或者单处罚金。这种犯罪仅限于销售侵权复制品行为,因此有人说我也没有制作盗版,为什么会犯罪呢?仅仅销售就可以构成了,当然条件是销售侵权复制品。这一罪名需要行为人“明知”销售的是侵权复制品,入罪的标准是“违法所得数额在十万元以上”。值得注意的是,《刑法修正案十一》将该罪的法定最高刑期从3年提高到5年,提高了适用缓刑的难度。

另外,包括侵犯著作权罪在内的侵犯知识产权犯罪,都有单位犯罪的规定,即除了直接负责的主管人员和其他直接责任人员要承担相应的刑事责任外,单位还会面临罚金的处罚。

183. 著作权纠纷中,企业如何利用合法来源抗辩?

企业或个人在经营中,尤其是从事销售的人,可能会遇到这种情况,即进货时不小心购入了侵犯著作权的复制品，销售环节被权利人发现，从而成为被告，此时侵权肯定成立，但经营者觉得很冤，认为自己不构成侵权，不该承担侵权责任。

知识产权领域的侵权遵循“未经许可即侵权”原则，也就是说，无论你的侵权行为是善意的（不知道）还是恶意的（知道），只要没有合法授权就是侵权。因此对于销售者来说，侵权是成立的，但侵权责任的承担，法律考虑到这种情况，因此也有相应规定。根据《著作权法》第 59 条的规定，复制品的发行者不能证明其发行的复制品有合法来源的，应当承担法律责任。此处的发行者即销售者，因此，如果销售者能够证明你的产品有合法来源，可以不用承担损害赔偿的责任，但不能继续销售。

不过，销售者此时还有一个举证责任问题，即要举证证明你的产品有合法来源，如提供相关著作权的授权证明，或者提供进货的渠道、购货合同、付款凭证等证据，证明该物品有合法来源。实践中，很多情况下销售者往往拿不出合法来源的证据，因此企业应该规范自己的经营行为，保留相关证据。

184. 网络服务提供商的“避风港原则”如何使用？

“避风港原则”也叫“通知—删除规则”，主要适用于互联网环境下的网络服务平台经营者，如阿里巴巴、淘宝、京东、拼多多、抖音、快手、百度网盘、腾讯视频、优酷视频等。它是指在发生著作权侵权时，权利人通知网络平台有侵权情况存在时，网络平台经营者应及时断开侵权产品链接、删除侵权产品信息，这样网络平台经营者就不用承担侵权责任。

避风港原则的适用对象仅限于提供网络平台、网络空间服务而不提供实质产品的网络经营者。比如，各大电商平台经营者、网络存储服务的经营者等。这是为了保证网络平台服务经营者的利益，由于网络中的内容过于庞杂，网络服务提供商无法一一进行核查，所以才有了“避风港”原则，目的是对不存在主观恶意的网络服务提供商进行保护。

但如果网络服务经营者明知有侵权内容而不删除，或者自己对相关产品有存储、过滤等行为，存放在自己的服务器上，供网络用户下载利用，就不能再适用避风港原则，而要承担相应责任了。因此避风港原则实际上是一个利益平衡器，保证各方利益能够获得平等保护。

185. 企业经营中常见的著作权侵权行为有哪些?

著作权种类丰富,权利内容多样,因此企业在经营过程中很容易触碰侵权这颗“地雷”,那么企业在经营过程中常见的著作权侵权行为有哪些?

第一,软件侵权是目前企业面临的众多侵权中一个典型多发领域。目前软件使用随处可见,不单单是大型作图软件、办公软件,还有手机上经常用到的一些小软件,以及企业在自己行业中经常用到的特殊软件,如与硬件设备配套的各种软件等。企业以及自己的员工在企业所属的电脑中下载、安装盗版软件的行为就构成非法复制软件作品,侵权。

第二,未经许可,擅自将他人享有著作权的美术作品、书法作品、摄影作品用于产品的包装可能侵犯著作权人的复制、发行权。这种情况往往在一些生产日常用品的公司中多发,如生产背包、儿童玩具、游乐设施、日化用品等的企业,一些著名的动漫角色经常成为侵权行为的对象。

第三,未经许可,擅自将他人享有著作权的美术作品设计成自己的商标,如一些知名的动漫作品,将其稍加修改作为自己企业的商标注册。曾经有一个企业的文字商标,已经使用了若干年,市场上具有很高的知名度,却被一个计算机字库企业起诉,原因是他的文字商标使用了这个字库企业的特殊字体。面临着要么付高昂使用费,要么改商标的尴尬局面。

第四,未经许可,擅自将他人享有著作权的美术作品、摄影作品放在企业产品的宣传海报上,或者放在企业的网站、企业公众号中,或者作为自己产品外观设计的一部分。这些行为可能会侵犯作品的复制、发行、信息网络传播权等权利。2022 年冬奥期间,有一个蛋糕店利用冰墩墩形象制作蛋糕被查处,就是产品外观侵犯著作权的典型例子。

第五,未经许可,擅自将他人享有著作权的音乐作品、影视作品、摄影作品、美术作品等放在企业的产品广告中,在电台、电视台、网络媒体、企业公众号等平台播放宣传。这些行为可能会侵犯作品的复制、发行、发表、广播、信息网络传播权等权利。

企业经营中著作权侵权形态多样,我们的列举未必能够涵盖所有的情形,上述总结仅仅是冰山一角,供企业参考、类比,对照自己的经营方式、产业领域反思。对企业而言,更重要的是防范意识,如果有自己不确定的地方,可以咨询我们,个案分析。当然更好的办法，如果企业条件允许，最好做一套制度化的风险防控方案，要求企业上下严格遵循，防范著作权侵权风险，也包括其他知识产权纠纷风险。

186. 企业如何防控可能出现的著作权侵权风险？

从具体的方面来说，企业防控可能出现的著作权侵权风险，可以从以下方面入手：

第一，企业应坚持作品独创、作品许可使用等理念，避免使用侵权的作品。企业自己的产品要坚持独创性设计，在产品外观、产品包装、产品商标等的设计上，避免简单从网上下载图片等作品作为自己包装的素材，而是要有自己独创的产品外观和包装。可以有自己的员工设计，或者委托专门的平面设计公司设计，即使为此花费一些成本，但从长远视角考虑，也是十分划算的。当然，无论是员工设计还是委托设计，都应该用协议约定好著作权归属问题。

第二，对于企业合作创作的作品、委托创作的作品等，企业应与当事人通过合同明确约定著作权的归属、使用权限与范围等，避免产生侵权风险。著作权归属有自己专门的法律规则，但“约定优先”是基本原则，企业应该充分利用这一原则，防止著作权权属纠纷的发生，防止丢失应有的权利。

第三，如果企业确实需要使用相应作品，而不能规避，那就应与权利人签订相应的许可合同，履行许可合同义务。这是“作品许可使用”理念的贯彻。随着著作权保护的加强，与日渐走高的侵权赔偿数额相比，主动寻求权利人作品许可的成本会越来越低，也是避免企业涉诉的关键事前防范机制之一。

第四，要做好文档保存工作，即产品设计、包装设计、广告设计等的文档，一定要保存完整。这样即使发生纠纷，也能够拿出充分的证据证明是自己创作，不存在侵权。

第五，一定要注意网络宣传中的风险防范，企业在网页、网店、公众号等网络平台的界面一定要有自己的设计风格，不能直接照抄别人的页面。界面的构成元素要经过审慎审查，包括任何音乐、视听作品的使用，避免侵犯别人的著作权。

第六，企业应该认识到，防控著作权侵权风险，是一个系统工程，不单单是一些具体的技巧。实际上，任何企业都应建立一套著作权管理制度，对作品的管理及使用规范、著作权的维护、运营、保护、侵权风险防范等内容，进行详细的规定，并严格遵照履行。

第五章　商业秘密管理与不正当竞争风险防控

187. 企业经营中有哪些信息属于商业秘密?

近年来,随着新技术、新模式、新业态的快速发展,商业秘密的重要性不断提升。在许多行业,尤其是高科技领域,商业秘密已成为企业、科研院所等创新主体的"安身立命之本"。

商业秘密如此重要,那么什么是商业秘密呢?在一些国家,商业秘密也叫"未披露信息"。商业秘密这一概念是我国习惯的称呼,而且此处的"商业"应从广义上理解,既包括经营方面的信息,也包括技术等方面的信息。根据《反不正当竞争法》第9条第4款的规定,商业秘密是指不为公众所知悉、具有商业价值并经权利人采取相应保密措施的技术信息、经营信息等商业信息。由此可以看出,商业秘密具有秘密性、价值性、保密性三种特性。秘密性即不为公众所知悉和不容易获得,价值性即具有现实的或者潜在的商业价值,保密性即权利人采取相应保密措施,如签订保密协议、提出保密要求、进行保密管理等措施。

商业秘密的类型有三类:技术信息、经营信息、其他商业信息。

技术信息主要包括与技术有关的结构、原料、组分、配方、材料、样品、样式、植物新品种繁殖材料、工艺、方法或其步骤、算法、数据、计算机程序及其有关文档等信息。比如,可口可乐配方,可口可乐公司已经保持该秘密100多年。

经营信息主要包括与经营活动有关的创意、管理、销售、财务、计划、样本、招投标材料、客户信息、数据等信息。其中客户信息,包括客户的名称、地址、联系方式以及交易习惯、意向、内容等信息。如果只有客户的名称、地址、联系方式,也不属于经营信息中的客户信息,因为客户的名称、地址、联系方式可以通过正常渠道获得,不具有商业秘密的秘密性。

其他商业信息是指具有商业秘密特性，除技术信息、经营信息以外的商业信息。

企业经营中具有商业秘密三种特性的技术信息、经营信息以及其他商业信息，就是企业的商业秘密。需要强调的是，商业秘密只是技术信息、经营信息以及其他商业信息，而不是信息载体。如化合物为公众所知悉，其本身可能是商业秘密的载体，而不可能成为商业秘密的保护对象。

188. 为什么有些技术要通过商业秘密保护？

商业秘密是重要的知识产权，是企业重要的无形财富，更是企业创新、市场竞争的战略性资源，越来越受到关注。就技术信息而言，如果具有可专利性，当然可以申请专利保护。不过专利保护和商业秘密保护两种方式各有利弊，企业可根据情况自由选择保护途径。专利保护的好处是“合法的垄断”，能够获得法律的强保护。不过它是以公开换保护，必须符合充分公开技术方案的条件，其他竞争者可以从专利文件中获得该技术方案，从而进一步创新。另外，专利保护的一大缺点是有期限，发明专利最长只有 20 年。商业秘密的缺点是它属于“自力保护”，需要企业自己采取有效措施保持信息的秘密性，一旦公开，不论合法还是违法的公开，技术信息就成为公共领域资源。但其有利的方面是，如果保密措施得当，可以永久保留下去，没有期限限制。

有很多企业的技术要通过商业秘密保护，而非通过专利来保护，出现这种情况的主要原因如下：

(1)有些企业在生产经营活动中形成阶段性技术成果，如有些药物的研发取得关键技术突破，但还不具有申请专利的条件，因该阶段技术成果具有现实或者潜在的商业价值，不为公众知悉，企业因此对该技术采取商业秘密保护。

(2)有些企业的技术不符合或者达不到申请专利的条件，但该技术具有商业价值，企业通过商业秘密保护实现该技术的价值。例如，有些初创企业，刚开始研发技术的工艺、样式、样品等达不到专利的新颖性、创造性和实用性，很难得到专利保护，但商业秘密的保护范围比较广，没有要求技术达到新颖性、创造性和实用性等要求，只要企业的技术达到商业秘密保护条件的，都可以采取商业秘密保护。

(3)有些企业的技术符合申请专利的条件，但是企业出于综合考虑，并未申请专利，而是采用商业秘密保护，其中最知名的例子是可口可乐的配方。可口可乐的配方自诞生以来有100多年了，一直采用商业秘密保护，知道此配方的人屈指可数。可口可乐公司选择采用商业秘密而非专利保护，是出于综合考虑的。如果可口可乐的配方申请专利，则该发明专利权的期限为20年，超过期限后该配方不受法律保护，成为公共技术，但是采取商业秘密保护则没有期限的限制。另外，专利保护有地域限制、专利保护费用高等劣势，商业秘密具有保护对象广泛、地域范围广泛、保护费用低、保密性等优势，企业会根据商业秘密保护与专利保护的优势与劣势进行合理选择。

(4)有些企业的技术通过商业秘密保护和专利保护相结合的方式，这也是一种可行的方案。企业可以将适宜公开的技术方案申请为专利，同时将不宜公开的技术信息作为商业秘密，不对外公开。只要能够满足专利申请的充分公开要求，就既可以获得专利保护，又能够通过商业秘密控制最关键的技术信息，从而占据市场主动。

189. 常见的侵犯商业秘密行为有哪些？

近几年，随着科技的发展和竞争的加剧，侵犯商业秘密的行为逐渐增多，加上我国很多企业商业秘密保护意识偏低，成为困扰和制约很多企业做大做强的重要原因，保护商业秘密任重而道远。要了解常见的侵犯商业秘密的行为，我们就要先了解侵犯商业秘密行为的主体有哪些，商业秘密的主体是谁？

我国保护商业秘密的法律规定，主要体现在《反不正当竞争法》和《刑法》中，另外在有关的司法解释、部门规章中也有详细的规定。《反不正当竞争法》中规定侵犯商业秘密的主体是经营者，经营者以外的其他自然人、法人和非法人组织、恶意第三人实施侵犯商业秘密行为的，视为侵犯商业秘密的主体。经营者的涵盖范围比较广泛，根据《反不正当竞争法》的规定，经营者是指从事商品生产、经营或者提供服务的自然人、法人和非法人组织。商业秘密的主体即权利人，即依法对商业秘密享有所有权或者使用权的自然人、法人和非法人组织。

常见的侵犯商业秘密行为有以下几种：

(1)经营者以盗窃、贿赂、欺诈、胁迫、电子侵入或者其他不正当手段获取权利人的商业秘密。因商业秘密具有商业价值，以盗窃、贿赂、欺诈、胁迫、电子侵入的方式获取权利人商业秘密的行为，是违法行为。但有的企业和个人为了利益会铤而走险，对权利人的有关人员采用利诱、贿赂的方式，给予财物、利益、要职等方式获取商业秘密，有的甚至还采用入室盗窃、窃听、商业间谍、黑客攻击、植入木马病毒等方式获取商业秘密（这是网络信息时代要更加防止的方式）。另外，以违反法律规定或者公认的商业道德的方式获取权利人的商业秘密的，属于以其他不正当手段获取权利人的商业秘密。

（2）经营者披露、使用或者允许他人使用以前项手段获取的权利人的商业秘密。前项获取商业秘密的行为本就违反法律规定或者公认的商业道德，如果再披露、使用或者允许他人使用以前项手段获取的权利人的商业秘密，更是违法行为，会导致权利人的商业秘密丧失，或者权利人的商业秘密价值减损。

（3）经营者违反保密义务或者违反权利人有关保守商业秘密的要求，披露、使用或者允许他人使用其所掌握的商业秘密。这种情况主要出现在负有保密义务的员工，以及根据保密协议的约定负有保密义务方，违法披露、使用或者允许他人使用其所掌握的商业秘密。

（4）教唆、引诱、帮助他人违反保密义务或者违反权利人有关保守商业秘密的要求，获取、披露、使用或者允许他人使用权利人的商业秘密。教唆、引诱、帮助他人违法获取、披露、使用或者允许他人使用权利人的商业秘密的行为，也是侵犯商业秘密的行为。

（5）经营者以外的其他自然人、法人和非法人组织实施上述违法行为的，视为侵犯商业秘密。第三人明知或者应知商业秘密权利人的员工、前员工或者其他单位、个人实施上述违法行为，仍获取、披露、使用或者允许他人使用该商业秘密的，视为侵犯商业秘密。

190. 企业管理过程中如何保护商业秘密？

有些企业在运营过程中，由于对商业秘密疏于管理，导致企业商业秘密被侵犯，造成重大损失，企业因此通过司法途径维权，因未对企业商业秘密采取相应的保密措施，从而导致败诉的风险。由此可见，企业在管理过程中保护商业秘密的重要性。针对这种情况，企业应建立完善的商业秘密保护制度，从以下几个方面进行规定：

首先，企业应建立保护商业秘密的文化氛围，增强保护商业秘密的意识。企业应与员工签订保密协议，约定员工在职时、离职后所要承担的保密义务、竞业禁止义务、违约责任等内容。企业应对技术人员、管理人员、全体员工进行分层级培训，明确涉密人员及其责任，设定保密登记、接触权限、工作流程等。

其次，对商业秘密进行区分和管理。明确商业秘密信息的范围，规定保密等级、期限和传递、保存及销毁的要求。对商业秘密进行分类、标记、隔离、加密、封存等，对不同的员工赋予不同的接触、使用商业秘密的范围、期限、范围等。

再次，完善保密措施，对计算机、网络设备、软件、电子文件、档案等各种承载商业秘密的载体，采取禁止或者限制使用、访问、储存、复制等精细化措施及管理。对涉密的厂房、车间等生产经营场所限制来访者或者进行区分管理。完善商业秘密的使用，对能够接触、获取商业秘密的供应商、客户、来访者等提出保密要求，并签订保密协议或者在合同中约定保密义务。企业在宣传或诉讼时，对涉及商业秘密的内容进行脱敏或其他方式处理，尽量避免公开商业秘密。

最后，建立商业秘密的监督、风险识别和处置机制。企业应建立商业秘密的监督机制，对经营活动中可能出现的风险进行分析、识别，对有典型意义、普遍存在的以及可能造成严重后果的风险应及时发布预警。针对出现的风险及时化解，对出现管理制度的问题，及时进行完善。

上述是企业管理过程中保护商业秘密的主要的方式、方法，有条件的企业，可根据自身行业性质、经营规模等合理选择保护商业秘密管理制度，如涉及的知识产权较多的企业，尤其是高科技企业，为了保障企业持续健康发展，可以把商业秘密保护制度与知识产权保护体系整体融合，涵盖组织体系、制度体系、运行体系、风险识别、处置体系等。

对于企业而言，最好的方案是寻求知识产权专家的帮助，辅导企业建立一套体系化的包括商业秘密在内的知识产权保护制度。这一事项关系企业的长远经营规划，需要提前规划、提前布置、提前实施。尤其是商业秘密保护制度体系，一般在出现问题后，想固定证据已然来不及。前些年商业秘密案件权利人诉讼成功率极低，就是因为很多企业没有一套制度，一旦侵权发生，无法提供有力证据。近年来，随着我国对商业秘密制度的修订，一个有利于权利人的局面正在形成，商业秘密保护的春天正在到来，但也更需要企业自身增强维权意识、提高维权能力。

191. 企业的商业秘密被侵犯时如何应对?

随着时代的发展，竞争的加剧，企业的商业秘密被侵犯的现象时有发生，商业秘密侵权不同于一般的财产侵权，有其自己的特点，其主要特点如下：

第一，侵权商业秘密的主体具有多元化特点。侵权主体包括经营者、经营者以外的其他自然人、法人和非法人组织、恶意第三人等。第二，商业秘密侵权的对象具有广泛性、难以认定的特点。企业的技术信息、经营信息、其他商业信息比较广泛，并且只有符合商业秘密特性的，才是企业的商业秘密，因此出现难以认定的特点。第三，商业秘密侵权方式呈现多样化、科技化的趋势，具有隐蔽、难以发现、侵权成本低的特点。针对商业秘密被侵犯的特点，企业可以通过以下途径应对商业秘密侵权行为：

首先，企业要固定商业秘密被侵害的证据。企业可以向公证机构申请以公证的方式保存证据，也可以利用区块链技术中的可信时间戳等方式保存证据。因侵犯商业秘密的特点，固定证据是关键的一环，如果没有及时固定证据，侵权的证据以后很难固定。企业还应根据商业秘密侵权的情形，排查侵权行为人及商业秘密被侵犯的原因，根据侵权的情形，及时作出减少损失的应对方案，并完善企业的商业秘密管理制度，防止发生类似侵权情形。

其次，我国对商业秘密的保护实行行政保护和司法保护两个途径，即企业的商业秘密维权可以采用两种途径：一是请求行政部门执法，打击侵犯商业秘密的行为；二是提起仲裁或者民事诉讼，请求侵权人承担侵权责任。

行政保护方面，如果企业发现有侵权行为，可以向地方市场监督部门投诉，申请行政执法，查处打击侵权行为。权利人投诉时应该按照市场监督部门的要求提交相应的证据材料，如对商业秘密采取保密措施的证据、侵权行为的证据、侵权人的身份信息等，以实现快速维权。因商业秘密侵权的特点，行政保护方面暂未达到较高的水平。

司法保护方面，如果是员工侵犯商业秘密，企业应提供劳动合同、企业的商业秘密管理制度、员工侵权的证据等，向法院提起商业秘密侵权之诉，要求员工承担侵权民事责任。实践中经常出现的情况是员工与第三方竞争者共同侵害企业的商业秘密，因此企业往往是以员工和第三方企业为共同被告提起诉讼。因商业秘密的维权专业性很强，要求提供的证据比较多，证明力要求比较高，因此建议企业在遇到商业秘密维权时，委托专业人士进行。

另外，司法保护的另一方面是刑事指控。我国《刑法》规定侵犯商业秘密行为严重，造成严重后果的，构成侵犯商业秘密罪，如果侵权行为能够满足入罪标准,可向公安机关报案,启用刑事力量阻止犯罪,阻止侵权。随着我国知识产权刑事保护力度的加强,侵犯商业秘密罪的入罪标准显著降低,如立案追诉标准由原来的50万元降低到30万元。另外,法定最高刑期也由原来的7年变更为10年。这些都极大地提高了商业秘密刑事保护的力度。

192. 企业如何防止自己被动卷入商业秘密纠纷?

没有企业愿意被动卷入商业秘密纠纷中,因为一旦涉及纠纷,企业不得不投入时间、人力、物力和精力去处理纠纷。企业可以从以下两大方面防止自己被动卷入商业秘密纠纷中:

首先,应该保护好自己的商业秘密不被侵犯。就这点来说,企业应制定完善的商业秘密保护制度,并严格执行。一方面防止自己的员工泄露商业秘密,尤其是跳槽中的泄密问题。另一方面防止在对外交流中泄露商业秘密,尤其是签订合同,参加展会,外人到企业参观等。

其次,防止自己侵犯别人的商业秘密。比如,在员工招聘环节要做好商业秘密风险防范。许多企业在招聘员工时,员工表明自己有某方面的保密技术,意欲获得较高的酬金,此时企业应该提高警惕,要求员工出示与其原企业的劳动合同解除证明,以及不存在知识产权纠纷等承诺书,尽到审慎注意义务,防止企业陷入员工与原单位的知识产权纠纷。因此可以说,商业秘密问题往往与劳动合同问题交织在一起,需要企业多加防范。再如,企业应加强技术研发,而不是通过非法获取他人的商业秘密去参与市场竞争。企业如果确实需要某保密技术,可以通过谈判,取得权利人的同意或者授权,不要违法获取。另外,企业还可以通过反向工程获得有关产品的技术信息,反向工程是商业秘密侵权的一个有效抗辩理由,不过法律也明确规定,不能在非法获取商业秘密技术后,再以反向工程为由抗辩不侵权。所以,企业如果确实通过反向工程获取了相关保密技术,应该及时固定反向工程具体过程的证据,以应对可能的诉讼。

193. 企业如何应对商业秘密侵权指控?

首先,判断企业是否构成侵权,如果自己判断不了,可以咨询专业的知识产权人士,分析是否构成侵权。这个分析过程十分复杂,因为它涉及原告的商业秘密是否有瑕疵,如是否属于商业秘密,即是否能满足商业秘密的三要件。商业秘密侵权行为的具体方式和情节，有没有可以抗辩的理由，如是否有反向工程情形，是否是企业自己研发所得，在员工和企业作为共同被告的情况下企业已经尽到合理注意义务等。

其次，如果确定构成侵权，可以与对方协商解决侵权事宜，如果双方达成一致意见，应签订和解协议或者调解协议。如果不能协商解决，应及时准备应诉，至少从损害赔偿额方面进行抗辩，尽可能减少损失。在损害赔偿方面，商业秘密侵权诉讼可以抗辩的点也有很多，如如何计算权利人损失，如何计算侵权人获利，商业秘密本身在产品获利中的贡献程度有多大等，都可能作为抗辩的理由。由于这类三件的专业性、复杂性，最好是聘请专业知识产权律师代理。

最后，从根本上讲，企业应建立完善的商业秘密保护制度，做到“防患于未然”。

194. 企业如何防范员工跳槽引发的商业秘密侵权行为？

随着社会的发展，社会分工越来越细，竞争越来越激烈，人才的流动也越来越频繁。企业员工的跳槽行为，已经成为侵害企业商业秘密的最主要渠道。企业可以通过以下方式防范员工跳槽引发的侵害商业秘密的行为：

(1)企业应建立保护商业秘密的文化氛围，增强保护商业秘密的意识，尤其要建立完善的商业秘密保护制度。

(2)企业应与员工签订保密协议或者在劳动合同中约定保密义务条款，约定员工在职时、离职后所要承担的保密义务、竞业禁止义务、违约责任等内容。从协议层面防范商业秘密被泄露。

(3)企业应对技术人员、管理人员、全体员工进行分层级培训，明确涉密人员及其责任，设定保密登记、接触权限、工作流程等。对不同的员工赋予不同的接触、使用商业秘密的范围。企业可以建立员工使用商业秘密的动态监督、风险识别和预警机制。这一切主要是从物理层面减少员工泄密风险，同时是出现诉讼纠纷时“保密性”的明证，即企业采取了明确的、强有力的保密措施。

(4)员工在离职前合理的期间，企业应对员工涉及的商业秘密内容进行脱敏或其他方式处理。员工离职时，要求员工登记、返还、清除、销毁其接触或者获取的商业秘密及其载体，继续承担保密义务。

(5)当然，“堵”与“疏”应该并行。仅靠严格的制度未必能解决所有问题。从本质上来讲，企业应该在企业文化的构建中将包括商业秘密在内的知识产权文化培养起来。除了严格制度管理,企业领导层也应该多关心、激励员工,用精神和物质奖励等措施,保持员工的忠诚、诚信,这才是防止跳槽带来的商业秘密风险的根本途径。实践中确实有很多案件,商业秘密纠纷、专利权属纠纷夹杂着劳动仲裁纠纷,而其起因就是企业未能对作出创造性贡献的员工兑现奖励和报酬,员工不满,跳槽报复企业,此类案件审理中,员工往往心怀不满、怒气冲冲,调解也很难顺利达成。这对企业经营者来说应该也能带来一些启示。

195. 侵犯商业秘密的法律责任有哪些?

侵犯商业秘密行为的法律责任有三种,民事责任、行政责任和刑事责任。

(1)侵犯商业秘密的民事责任:停止侵害、赔偿损失、返还或者销毁商业秘密载体、清除商业秘密信息等。

在侵犯商业秘密案件中,停止侵害是一个常见的责任形式,权利人为制止侵权行为,起诉的第一个诉求就是停止侵害。而在商业秘密侵权案件中,停止侵害异常重要,因为有时商业秘密还在泄露的初级阶段,还未大范围泄露,可能还有挽救的余地,此时停止侵害的责任有助于迅速将侵权行为停止下来,挽回权利人的损失。

赔偿损失是补偿权利人损失的重要方式。根据法律规定,损失赔偿额的计算首先按照其因被侵权所受到的实际损失确定;实际损失难以计算的,按照侵权人因侵权所获得的利益确定。赔偿的金额还包括权利人为制止侵权行为所支付的合理开支,合理开支包含律师费、公证费等费用。另外,法律还规定,如果权利人因被侵权所受到的实际损失、侵权人因侵权所获得的利益难以确定的,由人民法院根据侵权行为的情节判决给予权利人 500 万元以下的赔偿。此即"法定赔偿"。近年来,我国大力提高商业秘密保护力度,在"香兰素"技术秘密侵权案中,最高人民法院作出了高达 1.59 亿元的判赔额,是目前我国司法史上判决赔偿额最高的侵害商业秘密案件。

民事责任中还有一项最引人关注的"惩罚性赔偿"制度。如果经营者恶意实施侵犯商业秘密行为,情节严重的,可以在按照上述方法(权利人损失或侵权人获利)确定数额的 1 倍以上 5 倍以下确定赔偿数额。例如,在最高人民法院判决的第一起商业秘密侵权惩罚性赔偿案"卡波案"中,适用了顶格 5 倍的惩罚性赔偿。

当然,如果侵权人仍侵占商业秘密载体的,权利人可以要求侵权人承担返还或者销毁商业秘密载体、清除商业秘密信息等责任。

(2)侵犯商业秘密的行政责任:责令停止违法行为、没收违法所得、处以10万元以上100万元以下的罚款,情节严重的,处50万元以上500万元以下的罚款。具体而言,责令侵权人停止使用商业秘密,包括停止生产、销售等行为,罚款则是一种经济制裁。行政责任是侵犯商业秘密尚未构成犯罪的一种责任形式。

(3)侵犯商业秘密的刑事责任,主要有有期徒刑、罚金等。

196. 什么情况下会构成侵犯商业秘密罪?

根据我国《刑法》第219条关于侵犯商业秘密罪的规定,有下列侵犯商业秘密行为之一,情节严重的,处3年以下有期徒刑,并处或者单处罚金;情节特别严重的,处3年以上10年以下有期徒刑,并处罚金:

(1)以盗窃、贿赂、欺诈、胁迫、电子侵入或者其他不正当手段获取权利人的商业秘密的;

(2)披露、使用或者允许他人使用以前项手段获取的权利人的商业秘密的;

(3)违反保密义务或者违反权利人有关保守商业秘密的要求,披露、使用或者允许他人使用其所掌握的商业秘密的。

明知前款所列行为,获取、披露、使用或者允许他人使用该商业秘密的,以侵犯商业秘密论。

根据上述规定,如果实施了前述的几种行为,达到情节严重的程度,即可构成侵犯商业秘密罪,处以3年以下有期徒刑,并处或单处罚金。如果情节特别严重,则会加重刑罚,最高可达10年有期徒刑。

而且,上述条文实际上是修改过的《刑法》规定,如果对比之前的规定,会发现现行规定将原《刑法》中的“给商业秘密的权利人造成重大损失”及“造成特别严重后果”分别替换成了“情节严重”和“情节特别严重”,这样就将商业秘密罪由“结果犯”变成了“情节犯”,相当于降低了入罪标准。并且在量刑幅度上将法定最高刑期从7年提升到了10年。

而根据《最高人民检察院、公安部关于修改侵犯商业秘密刑事案件立案追诉标准的决定》(2020年9月17日施行),侵犯商业秘密,涉嫌下列情形之一的,应予立案追诉：

（1）给商业秘密权利人造成损失数额在30万元以上的；

（2）因侵犯商业秘密违法所得数额在30万元以上的；

（3）直接导致商业秘密的权利人因重大经营困难而破产、倒闭的；

（4）其他给商业秘密权利人造成重大损失的情形。

这一规定将原来的立案追诉标准由50万元下调到30万元，而且增加了“权利人经营困难破产倒闭”“其他重大损失”情形，进一步降低了入罪门槛。

197. 侵犯商业秘密罪的刑罚规定是怎样的？

我国《刑法》第219条规定构成侵犯商业秘密罪情节严重的，处3年以下有期徒刑，并处或者单处罚金；情节特别严重的，处3年以上10年以下有期徒刑，并处罚金。这是修改后的《刑法》规定。这一规定将原来的7年法定最高刑期提高到了10年，而且取消了原来拘役这一主刑，直接就是3年有期徒刑，提高了刑罚等级。

需要注意的是，随着我国知识产权保护水平的提高，近几年知识产权犯罪入罪标准一再降低，个人和企业侵犯商业秘密构成刑事犯罪的风险增大。我国《刑法》规定侵犯商业秘密犯罪的主体是个人和单位，即单位也完全有可能犯侵犯商业秘密罪。单位犯侵犯商业秘密犯罪的，对单位判处罚金，并对直接负责的主管人员和其他直接责任人员判处有期徒刑。企业属于《刑法》规定的单位，所以企业的负责人、高管要防范企业不侵犯商业秘密，更要防范侵犯商业秘密犯罪。

198. 企业的商品包装、装潢与他人的相似违法吗？

在现代社会，商品的包装、装潢也是一种商业标识。我们去商场、超市购买商品时，由于品牌众多，我们看到一种商品时，首先凭什么去辨别是你想买的品牌呢？就是商品的包装、装潢，如“康师傅方便面”的大红包装，你可以较快地根据这个包装找到商品，然后才会再去看品牌，因此，商品包装、装潢，以及店铺的装潢等，在现代商品社会的辨识作用越来越重要，也是受法律保护的一种客体。

有些企业为了自己商品销量，就仿照名牌产品的包装、装潢，借此以假乱真，有些消费者辨别能力不强，可能就会上当受骗。在我国，虽然这种行为也属于“傍名牌”范畴，不过此时傍的不是商标，而是包装、装潢，对此，我们是通过《反不正当竞争法》来保护的。具体是将这种侵权行为作为一种不正当竞争行为，具体来说是“商业混淆”行为进行保护，即如果你的商品与知名品牌商标的包装、装潢相同或近似，就会构成商业混淆，要承担侵权责任。其法律依据是《反不正当竞争法》第6条，即擅自使用与他人有一定影响的商品包装、装潢等相同或者近似的标识，引人误认为是他人商品或者与他人存在特定联系的混淆行为。

实践中，这种现象多出现在食品、日用品、酒类等领域，如大家可能注意到，最近几年，猴菇饼干很流行，于是超市里就出现了各种版本的猴菇饼干，包装、装潢类似，让消费者无从选择。最初那个创新企业，其市场就会被这些跟随者蚕食，如果其商品质量再有问题，很可能会将这个市场引向消亡。所以这种行为会扰乱市场秩序，损害消费者和其他经营者的合法权益。

不过，是否能够构成该条法律规定的侵权行为，要看被傍商品以及商品包装的知名度，法律用语叫“有一定影响的”或“知名的”商品或商品包装，这是一个关键条件。那么什么是有一定影响的/知名的商品或商品包装呢？一般要考虑该商品的销售时间、销售区域、销售额和销售对象，进行任何宣传的持续时间、程度和地域范围，作为有一定影响的/知名的商品或商品包装受保护的情况等因素，进行综合判断。法律保护他人有一定影响的/知名的商品或包装的目的，是制止同行业经营者不正当地利用权利人与其知名商品或包装之间的对应关系，从而维护正常的市场竞争秩序。

了解了以上法律规定，对我们的企业经营应该有如下启示：

首先，对于权利人企业，如果自己的商品在市场上有一定的知名度，销路广泛，消费者口碑很好，此时就要有市场监测的意识了。要时刻保持警惕，防止不正当竞争者仿冒。同时，做好自己产品有一定影响/知名的证据保留工作，平时销售的证明、发货证明、销售记录表、广告宣传的证据、各种媒体关于产品信誉影响的报道等，甚至产品维权的投诉、诉讼材料，都是产品影响力的有力明证。这样，如果出现类似混淆行为，起诉维权的胜率就会很高。

其次，对于新入市场或新上产品的企业而言，在设计产品包装、装潢时就要慎之又慎，需要进行周密的市场调查，重点针对同业竞争对手的产品知识产权情况进行调研，包括其产品商标，包装装潢，产品包装上的著作权、外观专利权等，一并分析总结。在此基础上设计自己的产品包装装潢，保持自身产品设计的独创性，尽量突出自己的商标而非与竞争对手容易混淆的商品名称、企业名称等要素，避免遭遇侵权诉讼和行政投诉。

199. 网络店铺使用他人的企业名称违法吗？

企业名称权也是一种商业标识，而且其上还附有企业的身份权，因此企业名称是受法律保护的一种权利。实践中，如果企业名称受侵犯，其案由是归入知识产权纠纷的。目前实践中，出现过多起网络店铺使用他人企业名称的案例，这种行为怎么定性？违法与否呢？

知识产权侵权的一般原则是"未经许可即侵权"，因此如果网络店铺未经他人许可使用他人企业名称，当然是侵权行为。我国《反不正当竞争法》第 6 条第 2 项规定，擅自使用他人有一定影响的企业名称（包括简称、字号等）、社会组织名称（包括简称等）、姓名（包括笔名、艺名、译名等），引人误认为是他人商品或者与他人存在特定联系的，是商业混淆行为，要承担侵权责任。

这种行为之所以不被法律允许，其背后的法理在于企业名称是企业的代号，经过长期使用，与企业建立起了稳定的对应关系，其上附着的商誉将会对企业经营带来积极影响。如果外人不经许可使用企业名称，将会造成不当利用，从而获得额外利润。新近由深圳市中级人民法院判决的一个案件就是一个典型例子，某网店使用"小米"作为企业字号，经营的产品均为小电器类产品，产品名称也用小米，还使用与小米手机公司相近似的商标，经营额达 1 亿多元。最后法院判决该网店停止侵权，适用惩罚性赔偿，共计赔偿小米手机公司 3000 万元。该案的侵权行为中就存在未经许可使用他人企业名称的情形。

由于目前我国商标注册系统和企业名称登记系统并不统一，是两个数据库，实践中经常会出现企业名称和商标均被注册的情况，此时情况较为复杂，需要个案讨论。不过一个重要的原则可以肯定，即"注册时间 + 品牌影响力原则"，就是说，谁的注册时间在前，谁会拥有主动权，但还要考虑品牌影响力因素。

网络店铺使用他人企业名称也可能存在这种情况，即你在使用店铺名的时候，他人的企业名称还未登记，即店铺名使用在前，该事实可以作为抗辩不侵权的理由，不过此时店铺一方的举证责任仍然较重，即使抗辩成功，网店可以继续使用该名称，双方会形成并存于市场的局面，但网店的经营可能也会受限，因为在大多数国家，不论是商标还是企业名称，一般都适用登记在先原则。

200. 擅自使用他人企业的域名、网站、网页违法吗？

违法。根据我国《反不正当竞争法》第6条第3项的规定，擅自使用他人有一定影响的域名主体部分、网站名称、网页等，引人误认为是他人商品或者与他人存在特定联系的，是商业混淆行为。

企业经营的网站、网页、域名，同样是一种商业标识，与企业具有一一对应关系，可以构成一种有价值的标识。实践中假冒企业网站的案例也很多。例如，2016年，义乌市兴邦网络科技公司就假冒奇虎360公司的网站，招致行政处罚。兴邦公司的具体行为是，2016年11月9日，将域名hao360sou.com在工信部备案。2017年4月，兴邦公司网站开始上线运营。该网站使用了360导航网站的网站名称，使用了360导航网站的页面设计，网页底部内容系直接复制了360导航网站网页底部内容及其链接，仅修改了电话号码。义乌市兴邦网络科技公司通过淘宝网等途径销售和展示兴邦公司网站的源代码。后来，金华市市场监督管理局于2018年3月15日作出行政处罚，责令兴邦公司停止违法行为，删除兴邦公司网站源代码，处罚款50,000元。

因此，企业在经营自己的网站时也需要有风险规避意识。一方面，设计自己的网页时尽量保持独创性，不与其他公司的网页相同或近似。除此之外，还要小心网页要素的设计，避免著作权和商标权等其他知识产权侵权风险。另一方面，在企业自己的公司、产品、品牌有了一定知名度以后，也要防范别有用心之人或企业"搭便车"，仿自己的品牌，加强侵权监测工作，及时维权。

201. 企业名称被他人注册为商标怎么办？

商标和企业名称是两个不同的概念，商标是经商标局注册核准后才取得的，而企业名称是在县级以上市场监督管理部门登记后才取得的。商标与企业名称主管部门、法律规定、权利范围等方面有着明显的不同。两者分属不同的权利性质，且两者注册时依据的数据库、审查系统均不同。在我国，这两个系统目前还未统一，因此经常会出现两者冲突的情况，这种情况在知识产权法上叫作"权利冲突"，是一个较为棘手的纠纷类型。

对于企业名称权在先，注册商标在后的情况，此时由于企业名称权在先，对于注册商标而言，属于侵犯在先权利，可以通过以下途径解决：

如果他人注册该商标还在审查阶段，企业可以在初步审定公告之日起 3 个月内向商标局提出异议，请求商标局不予核准注册。如果他人已经注册成功，自该商标注册之日起 5 年内，企业可以请求商标评审委员会宣告该注册商标无效。需要强调的是，无论企业提出异议或者申请该注册商标无效，均应提供相应的证据，由商标局或者商标评审委员会进行审查认定。

202. 在产品包装上和宣传中虚假标识某种产品质量认证标志违法吗？

违法。产品质量认证标志，是指企业通过申请，经国际国内权威认证机构认可，颁发给企业的表示产品质量已达认证标准的一种标志。取得产品质量认证标志，可提高产品质量信誉，提高产品在国内及国际市场上的竞争力，保护消费者的利益，促进国内和国际贸易等。

产品质量认证标志有严格的使用要求，不能乱用，更不能虚假使用。根据《产品质量法》第 27 条的规定，产品或者其包装上的标识必须真实，并符合一定的要求。违反该规定的，市场监督管理部门有权责令改正，情节严重的，责令停止生产、销售，并处违法生产、销售产品货值金额 30% 以下的罚款；有违法所得的，并处没收违法所得。《反不正当竞争法》第 8 条第 1 款规定：“经营者不得对其商品的性能、功能、质量、曾获荣誉等作虚假宣传，欺骗、误导消费者。”第 20 条第 1 款规定：“经营者违反本法第八条规定对其商品作虚假或者引人误解的商业宣传，或者通过组织虚假交易等方式帮助其他经营者进行虚假或者引人误解的商业宣传的，由监督检查部门责令停止违法行为，处二十万元以上一百万元以下的罚款；情节严重的，处一百万元以上二百万元以下的罚款，可以吊销营业执照。”可见，在产品包装上和宣传中虚假标识产品质量认证标志不仅违法，而且可能会受到严厉的处罚。

203. 在产品包装上和宣传中虚假标识商品产地违法吗？

违法。提到商品的产地，很容易让人想起商品的原产地、地理标志产品，如绍兴黄酒、金华火腿、龙泉宝剑、景德镇瓷器、库尔勒香梨等产品，这些产地的商品代表产品的质量、特色。标识商品的产地有严格的法律规定，虚假标识商品的产地，不仅违法，也有可能受到行政处罚。

《产品质量法》第 53 条规定:"伪造产品产地的,伪造或者冒用他人厂名、厂址的,伪造或者冒用认证标志等质量标志的,责令改正,没收违法生产、销售的产品,并处违法生产、销售产品货值金额等值以下的罚款;有违法所得的,并处没收违法所得;情节严重的,吊销营业执照。"

在产品包装上和宣传中虚假标识商品产地,不仅违反《产品质量法》,也违反《反不正当竞争法》第 8 条及其他相关法律的规定。

204. 在产品包装上和宣传中打出"中国最好的羽绒服"违法吗?

违法。产品的包装和宣传中的内容,属于广告的一种,根据《广告法》的相关规定,广告不得有如下情形:

(1)使用或者变相使用中华人民共和国的国旗、国歌、国徽,军旗、军歌、军徽;

(2)使用或者变相使用国家机关、国家机关工作人员的名义或者形象;

(3)使用"国家级""最高级""最佳"等用语;

(4)损害国家的尊严或者利益,泄露国家秘密;

(5)妨碍社会安定,损害社会公共利益;

(6)危害人身、财产安全,泄露个人隐私;

(7)妨碍社会公共秩序或者违背社会良好风尚;

(8)含有淫秽、色情、赌博、迷信、恐怖、暴力的内容;

(9)含有民族、种族、宗教、性别歧视的内容;

(10)妨碍环境、自然资源或者文化遗产保护;

(11)法律、行政法规规定禁止的其他情形。

"中国最好的羽绒服"广告语明显含有"最佳""最高级"性质的用语,违反该规定。而且,该种行为不仅违反《广告法》,也违反《反不正当竞争法》第 8 条的规定,扰乱市场竞争秩序,损害其他经营者或者消费者的合法权益,是违法行为。

205. 在别人的网站中插入自己的产品链接、强制进行跳转是违法行为吗?

在别人的网站中插入自己的产品链接、强制进行跳转属于违法行为。该行为是我国《反不正当竞争法》于 2019 年修改时新增的"网络不正当竞争"典型行为模式之一。根据《反不正当竞争法》第12条的规定，经营者利用网络从事生产经营活动，应当遵守本法的各项规定。经营者不得利用技术手段，通过影响用户选择或者其他方式，实施下列妨碍、破坏其他经营者合法提供的网络产品或者服务正常运行的行为：(1)未经其他经营者同意，在其合法提供的网络产品或者服务中，插入链接、强制进行目标跳转；(2)误导、欺骗、强迫用户修改、关闭、卸载其他经营者合法提供的网络产品或者服务；(3)恶意对其他经营者合法提供的网络产品或者服务实施不兼容；(4)其他妨碍、破坏其他经营者合法提供的网络产品或者服务正常运行的行为。

《反不正当竞争法》之所以增加网络不正当竞争行为条款，是因为近年来网络交易的普及，在网络空间通过技术手段进行不正当竞争的行为频繁出现，已经严重扰乱了经济秩序，成为一种严重的、普遍的不正当竞争行为。

在别人的网站中插入自己的产品链接、强制进行跳转，其目的就是通过插入自己的产品链接，误导和强迫消费者选择自己的产品，从而剥夺原网站经营者的经济利益。另外，此举还可以增加所链接或强制跳转进入网站的用户访问量，达到争夺用户访问量的目的，导致经营者网站的用户访问量减少，从而损害原网站经营者的经济利益。该行为扰乱市场竞争秩序，损害其他经营者或者消费者的合法权益，因此具有不正当性，属于不正当竞争行为。

206. 借软件升级误导消费者卸载别人的App，安装自己的App是违法行为吗？

是违法行为。互联网竞争在一定程度上是对用户流量的竞争。在互联网行业，将网络用户吸引到自己的网站是经营者开展经营活动的基础，培养用户黏性是获得竞争优势的关键。借软件升级误导消费者卸载别人的App，安装自己的App，是利用技术手段，误导消费者选择自己的产品或服务，破坏其他经营者合法提供的网络产品或者服务的正常运行，损害了其他经营者本可获得的经营利益，为自身牟取不当利益，扰乱市场竞争秩序。

该行为违法的法律依据主要是《反不正当竞争法》第12条。根据该条规定，经营者利用网络从事生产经营活动，应当遵守本法的各项规定。经营者不得利用技术手段，通过影响用户选择或者其他方式，实施下列妨碍、破坏其他经营者合法提供的网络产品或者服务正常运行的行为：(1)未经其他经营者同意，在其合法提供的网络产品或者服务中,插入链接、强制进行目标跳转;(2)误导、欺骗、强迫用户修改、关闭、卸载其他经营者合法提供的网络产品或者服务;(3)恶意对其他经营者合法提供的网络产品或者服务实施不兼容;(4)其他妨碍、破坏其他经营者合法提供的网络产品或者服务正常运行的行为。

该行为就属于该条款中规定的第 2 项,即误导、欺骗、强迫用户修改、关闭、卸载其他经营者合法提供的网络产品或者服务。

207. 直播电商平台企业如何防范知识产权侵权风险?

目前,“直播经济”已经成为一种重要的经营模式。众多创业者积极参与直播行业,在塑造诸多网红的同时,也成为一种重要的产品销售渠道。目前通过短视频平台、直播平台的电商销售已远远超出传统电商渠道。但直播电商平台在直播、销售过程中存在许多知识产权风险,需要加强防范。

从涉及的知识产权类型来看,包括著作权、商标权、专利权、商业秘密、地理标志等多种类型的知识产权,都可能成为知识产权侵权风险的来源。比如,直播中播放背景音乐、视频就可能侵犯到相关权利人的著作权。直播卖货中,商品本身如果是侵权商品,则会涉及商标侵权、著作权侵权、专利权侵权、不正当竞争等各种侵权类型,这一点与销售侵权商品属于同样的行为,此时直播平台如果本身是销售商,则要承担销售侵权的责任,如果仅是提供平台,则可能要负担通知—删除义务,也有可能承担间接侵权责任。

那么,直播电商平台如何防范知识产权侵权风险呢?

首先,直播电商平台企业如果本身作为销售商的身份,应该承担与传统销售商相同的知识产权风险责任。比如,销售的产品本身涉嫌侵犯知识产权。那么直播电商平台企业应该通过合同的方式,在与供货商的合同中约定知识产权风险承担条款,即商品的一切知识产权风险由供货商承担。同时也应对产品的合法来源、品质进行必要的审核,防止出现风险事件。

其次,如果直播电商平台只是提供技术服务,不参与销售分成,其地位类似于传统电商平台,需要承担一种监管责任。具体来说,就是通知—删除义务,防止自己平台上的经营者如主播、电商经营企业侵犯别人知识产权。此时,直播电商平台企业主要的责任是与进驻平台的主播、电商经营企业进行风险保证约定,约定这些经营者合法经营,不从事具有侵犯知识产权性质的业务,如果出现侵权，将采取相应措施制止侵权行为。

关于直播电商平台企业如何防范知识产权风险，可以委托专业的知识产权人士根据企业的实际情况，进行系统的制度化设计，防范知识产权风险。

208. 企业员工将公司涉密信息上传至员工个人邮箱是否构成对企业商业秘密的侵害？

2008 年 10 月 29 日，世源公司与曹某某签订劳动合同，劳动合同第 9 条约定"曹某某必须保守世源公司的商业秘密和与知识产权相关的保密事项，参照公司商业秘密保护手册及保密协议"。同日，双方又签订一份保密协议。此外，世源公司还向曹某某发放了公司制作的商业秘密保护手册，并进行了一系列的入职培训。2009 年 9 月 11 日，即曹某某在世源公司任职期间，世源公司网络工程师（Dane liu）将"不合格原材料退料及相应库位处理控制程序"以电子邮件方式发给包括曹某某在内的几位员工，要求及时告知所发现问题。因部分员工以邮件方式对程序内容提出修改，该网络工程师于同年 10 月 12 日将世源公司现有的"生产退料程序"和之前发行的"不合格原材料退料及相应库位处理控制程序"合并后的编号为 GRI – JX – 012 – 00 Rev：01 的程序再次以电子邮件的方式发给包括曹某某在内的 8 位员工，其中一人提出了修改意见。同年 10 月 13 日 15 时 43 分，网络工程师根据该意见作出修改后，重新将程序发送给上述员工。当日 16 时 50 分，曹某某将邮件转发至其个人邮箱，该邮箱的域名 wingtech.com，属于闻泰集团有限公司。曹某某称该邮箱系其在闻泰集团有限公司下属的闻迪电子通讯有限公司工作时注册的个人邮箱，现闻迪电子通讯有限公司已注销，该邮箱亦已停止使用，包括"不合格原材料退料及相应库位处理控制程序"在内的内容均已删除。世源公司认为曹某某的涉案行为侵犯了世源公司的商业秘密，也违反了保密协议。

曹某某的涉案行为是将世源公司的涉案商业秘密转发至其曾使用过的其他企业邮箱里。双方当事人的讼争焦点在于该涉案行为是否构成《反不正当竞争法》第 9 条第 1 款第 3 项所规定的违反约定或者违反权利人有关保守商业秘密的要求，"披露"商业秘密的行为。首先，涉案保密协议第 9 条、第 10 条明确约定，员工可自备因职务上的需要可能记录世源公司秘密信息的载体。而邮箱除具备通信的功能外，也可作为储存信息的载体，故曹某某的涉案行为并不为涉案保密协议所禁止。其次,“披露”商业秘密行为,是指行为人将商业秘密告知其与权利人之外的第三人,或将商业秘密的内容公之于众,其应达到的效果应为使第三方直接知悉或容易获得,或者为相关公众普遍知悉或容易获得。本案中,因曹某某涉案邮箱的用户名和登录密码系由其本人掌握,故案外第三人无法通过合法途径进入该邮箱,获悉涉案商业秘密。且世源公司也未能举证证明案外第三人因曹某某的涉案行为业已获悉或使用涉案商业秘密。故曹某某的涉案行为不构成“披露”商业秘密行为,亦未侵犯世源公司的涉案商业秘密。

虽然本案员工曹某某的行为不构成“披露”商业秘密行为,亦未侵犯世源公司的涉案商业秘密,但是对于企业商业秘密来讲还是具有潜在的泄露风险。因此对于企业的商业秘密管理提出以下建议:

(1)明确界定作为企业商业秘密的保存介质,如只能保存于企业给员工配置的电脑或者移动硬盘、U 盘等介质,不得保存于电子邮箱、云盘等网络介质中。

(2)明确规定办公所用存有企业商业秘密的电脑、移动硬盘、U 盘等物品未经批准不得带出办公场所。

(3)企业涉密信息不得通过互联网进行传输,可以通过内部局域网进行传输。

(4)企业涉密的保存介质需要加密,防止丢失后信息被破解。

209. 设置与其他企业 App 相同 URLScheme 的方式,是否构成不正当竞争行为?

2020 年 11 月 9 日支付宝公司称,其系“支付宝”App 的主要经营者,对“支付宝”App 的流量利益和商誉等享有合法的竞争利益。“支付宝”App 拥有高活跃度的用户群体以及巨大的访问流量,在移动互联网市场中享有极高的知名度和美誉度。为便于第三方商家调用“支付宝”App 的相关功能,支付宝公司在苹果手机 IOS 系统中将“支付宝”App 的 URLScheme 定义为“alipays://”或“alipay://”。斑马公司是一家 SaaS 电商系统及服务提供商,系“家政加”App 的开发和运营主体。为增加用户访问量,斑马公司在“家政加”App 中设置了与“支付宝”App 唤醒策略一致的 URLScheme,导致 iOS 系统将“家政加”App 错误地识别为“支付宝”App,直接产生的后果就是原本调用支付宝的应用现转为调用家政加。支付宝公司的合作伙伴已因此提出相应投诉,用户亦对“支付宝”App 的安全性与稳定性产生质疑。

斑马公司实施的涉案行为不仅严重妨碍了“支付宝”App 的正常功能,也影响了支付宝公司与客户间业已建立的良好合作关系,更将使相关用户对“支付宝”App 产生负面评价,令支付宝遭受经济损失和商誉损害。当时各大电商平台正处于“双十一”大促活动期间,用户使用“支付宝”App 进行消费支付的频度显著上升,若斑马公司继续实施涉案行为,将会对支付宝公司造成难以弥补的损害。根据《反不正当竞争法》第 12 条第 2 款第 1 项的规定,未经其他经营者同意,在其合法提供的网络产品或者服务中,插入链接、强制进行目标跳转,属于不正当竞争行为,因此斑马公司的这种行为构成不正当竞争行为。

作为支付宝公司除了可以斑马公司不正当竞争为由提起侵权诉讼,还可以向人民法院提出诉前行为保全申请,也就是所谓的诉前禁令。诉前禁令是指在案件实质争议解决前,为了预防即将发生的侵权或者防止侵权损失的扩大,法院根据申请发出的要求被申请人实施或禁止实施一定行为的强制命令。目前,法院已在不正当竞争纠纷领域建立起诉前禁令司法临时保护机制,提高了司法救济的及时性和有效性。对不正当竞争纠纷申请诉前禁令需要满足以下四个条件:(1)申请人的请求是否具有事实基础和法律依据;(2)不采取行为保全措施是否会对申请人的合法权益造成难以弥补的损害;(3)采取行为保全措施是否会导致当事人间利益显著失衡;(4)采取行为保全措施是否损害社会公共利益;(5)同时申请人还要提供相应的担保。

210. 恶意篡改用户浏览器主页劫持流量的行为,是否构成不正当竞争行为?

二三四五公司系 2345 网址导航、2345 王牌浏览器的经营者,其中 2345 网址导航在中国网址导航市场中排名前列。北京猎豹网络科技有限公司(以下简称猎豹网络公司)、北京猎豹移动科技有限公司(以下简称猎豹移动公司)、北京金山安全软件有限公司(以下简称金山公司),上述三家公司共同开发和运营金山毒霸软件。二三四五公司认为猎豹网络公司、猎豹移动公司和金山公司在金山毒霸软件安装、运行、升级和卸载等各个环节利用多种不同技术手段,并通过以下六类行为将终端用户设定的 2345 网址导航主页变更为由北京猎豹移动科技有限公司主办的毒霸网址大全:(1)通过金山毒霸的“垃圾清理”功能变更浏览器主页。(2)通过金山毒霸升级程序的“一键清理”弹窗,默认勾选“立即锁定毒霸网址大全为浏览器主页,保护浏览器主页不被篡改”。无论用户是否取消该勾选,浏览器主页均被变更。(3)通过金山毒霸的“一键云查杀”“版本升级”“浏览器保护”等功能变更浏览器主页,并针对不同浏览器进行区别对待。(4)通过金山毒霸的“安装完成”弹窗,默认勾选“设置毒霸导航为浏览器主页”。无论用户是否取消该勾选,浏览器主页均被变更。(5)通过金山毒霸“开启安全网址导航,防止误入恶意网站”弹窗,诱导用户点击“一键开启”变更浏览器主页。(6)通过金山毒霸的卸载程序篡改用户计算机注册表数据以变更浏览器主页。

猎豹网络公司、猎豹移动公司和金山公司利用网络用户对其作为安全软件经营者的信任,或未告知用户,或实施虚假弹窗行为,或实施恐吓弹窗行为变更用户浏览器主页,直接侵害了网络用户的知情权和选择权,亦使二三四五公司合法权益及良好商誉受到了实际损害,使自己获得非法利益,上述行为业已违反诚实信用原则和公认的商业道德而具有不正当性及可责性。亦违反了平等竞争原则,构成不正当竞争行为,二三四五公司可以向法院提起诉讼进行维权,诉讼请求是要求对方刊登声明,消除因对二三四五公司实施不正当竞争行为所造成的不良影响,并要求对方赔偿经济损失及维权的合理费用。

211. 为抢购债权转让产品,向目标客户提供“抢购工具”软件的行为,是否构成不正当竞争行为?

上海陆家嘴国际金融资产交易市场股份有限公司(以下简称陆金所公司)是知名互联网财富管理平台,上海陆金所互联网金融信息服务有限公司(以下简称陆金服公司)系其全资子公司。上述两公司均开设有金融服务网站及手机应用,债权转让产品交易是其中的热门服务。为抢购债权转让产品,两公司的会员需经常登录上述网站或手机应用,频繁刷新关注债权转让产品信息。西安陆智投软件科技有限公司(以下简称陆智投公司)系“陆金所代购工具”软件的提供者,用户通过安装运行该软件,无须关注陆金所公司和陆金服公司平台发布的债权转让产品信息即可根据预设条件实现自动抢购,并先于手动抢购的会员完成交易。这种行为是否构成不正当竞争呢?

经营者提供网络抢购服务,应当遵循《反不正当竞争法》第12条第2款之规定，不得利用技术手段，通过影响用户选择或者其他方式，妨碍、破坏其他经营者合法提供的网络产品或者服务的正常运行。在网络抢购服务不属于反法互联网专条明确列明的行为类型从而适用该条兜底条款时，除应考量其对抢购服务目标平台及用户是否造成损害外，还应审查其是否具有不正当性。陆智投公司通过运营软件提供抢购服务的行为，给陆金所公司和陆金服公司造成严重的损害后果。一是平台流量利益的减损。抢购服务导致用户对两公司平台的访问频度下降，客观上减少了两公司其他金融产品的展示机会。二是用户潜在交易机会的剥夺。抢购服务改变了债权转让产品在陆金所公司和陆金服公司平台用户间的收益分配，造成了大量用户机会利益的减损。三是平台营商环境的破坏。抢购服务将冲击陆金所公司和陆金服公司平台最为依赖的投资者信心，导致用户黏性降低、投资者与资本流向其他投资渠道。同时，涉案抢购服务行为明显具有不正当性。一方面，抢购服务对两原告平台规则的颠覆破坏了产品抢购的公平基础。抢购成功率整体上向使用抢购服务的用户严重倾斜，用户间公平竞争的基础丧失殆尽。另一方面，涉案抢购服务刻意规避陆金所公司和陆金服公司的监管机制，反映了陆智投公司对该行为所持的主观故意，其行为构成不正当竞争行为。

212. 组织、帮助微信公众号的运营个体进行广告刷量的行为，是否构成不正当竞争行为？

深圳市腾讯计算机系统有限公司、腾讯科技（深圳）有限公司（以下合称腾讯公司）是微信平台的经营者，运营包括内容服务和广告服务在内的微信公众号平台业务。腾讯公司通过在微信公众号文章内容中投放广告，将用户访问流量转化为现实经济利益。同时，腾讯公司会给予发布热门文章的公众号主体一定比例的利益分成，以激励其继续生成优质文章内容。哈尔滨祈福科技有限公司（以下简称祈福公司）系“蚂蚁平台”的经营者，该平台实施了组织、诱导微信公众号的账号主体虚假提升公众号文章的流量数据以骗取广告分成、干扰微信公众号平台流量数据。

根据《反不正当竞争法》第 8 条之规定，经营者不得对其商品/服务的性能、功能、质量、销售状况、用户评价、曾获荣誉等作虚假或者引人误解的商业宣传，欺骗、误导消费者；亦不得通过组织虚假交易等方式，帮助其他经营者进行虚假或者引人误解的商业宣传。本案中,相关微信公众号运营个体通过“雇佣点击/诱导点击”的广告刷量行为虚假提升其公众号文章内容的访问量,并从中赚取微信平台的广告分成与发布任务成本之间的差价牟利,侵害了微信用户、广告商和两原告等市场主体的合法权益,破坏了公平的市场竞争秩序,构成虚假宣传行为。祈福公司运营的“蚂蚁平台”虽不直接从事刷量活动,但为此类活动提供机会、场所并撮合交易,通过向发单用户和接单用户收取一定比例服务费或提现手续费实现盈利。祈福公司的微信公众号“蚂蚁帮扶”曾因存在协助他人参与或委托刷单等行为而被微信平台封禁,祈福公司理应知道涉案被诉行为系微信平台禁止实施。此外,祈福公司在“蚂蚁平台”设置人工审核环节,明知平台中存在大量浏览、点击微信公众号文章及广告的任务,仍允许用户上架此类任务,并通过设立“金蚂奖”“团单模式”鼓励用户大量发单与接单。祈福公司作为市场竞争者,其主观上应当知道腾讯公司的市场知名度、经营模式、微信各项功能、用途以及服务协议等,客观上实施了涉案被诉行为,若对此不加规制,将导致依靠虚假“流量”支撑而缺乏实质性内容的互联网产品肆意横行,不利于消费者合法利益和社会整体福祉的增加。故祈福公司实施的组织虚假交易行为违反了《反不正当竞争法》第 8 条第 2 款的规定,属于帮助他人进行虚假宣传的不正当竞争行为。腾讯公司可以要求祈福公司公开消除影响,并赔偿腾讯公司经济损失及维权合理开支。

213. 关键词隐性使用是否构成不正当竞争行为?

关键词隐性使用是指将他人的商标、企业名称或其他商业标识添加为搜索关键词,使得网络用户在输入该关键词进行搜索时,推广链接能够出现在搜索结果的广告区域内。本案例中同创蓝天投资管理(北京)有限公司(以下简称同创蓝天公司)仅在后台将上海鸿云软件科技有限公司(以下简称鸿云公司)的 URL 设置为搜索关键词,在前端搜索链接的标题、描述部分及打开的网页中均不含有鸿云公司的任何商业标识。在推广链接的底部明确标注了“广告”字样、载明了同创蓝天公司的注册商标且显示在搜索页面的最下方,同时鸿云公司网站仍位居搜索结果首页的第一位。

关键词隐性使用是否构成不正当竞争,可遵循以下路径加以判别:首先,是否存在混淆、虚假宣传等《反不正当竞争法》中明确列举的不正当竞争行为;其次,该行为是否损害了经营者、消费者的合法权益,是否扰乱了正常的市场竞争秩序;最后,该行为是否违反诚实信用原则和商业道德而具有不正当性和可责性。虽然同创蓝天公司将鸿云公司的URL设置为搜索关键词,但鸿云公司官方网站依旧出现在搜索结果的首位。这种无须支付费用的“显示”已经保证了商业标识专用权人的网址对于消费者的可见性,鸿云公司的合法权益未因此而受到损害。从消费者利益的角度来看,若允许选用他人商标、企业名称、域名等商业标识作为关键词,则能够帮助消费者获得更多的信息和选择的机会,降低其搜索成本。关键词隐性使用未剥夺消费者信息选择权。同创蓝天公司推广链接的内容本身无鸿云公司任何信息且对自身商品来源及相关信息作了清晰的描述,相关公众依其认知能力完全能够识别两者之间的不同,该种关键词的隐性使用未扰乱正常的市场秩序。

通过使用他人商业标识作为关键词,使用人能够借助搜索引擎的服务实时捕捉到哪些互联网用户在对竞争对手的商品或服务感兴趣,当这些消费者出现时,搜索引擎会即时地将使用人的网址链接呈现在这部分消费者面前。所以,在付费搜索广告服务提供商与广告商之间形成一种信息的交换,这是一种以“竞争对手的目标消费者群体的信息”为客体的交易,是一种帮助广告商定位到竞争对手的目标消费者群体的服务。这种关键词选用行为本身,是一种市场竞争的手段。在开放的竞争环境下,隐性关键词的使用方式符合现代销售和合法竞争的精神,该竞争行为并不违反诚实信用原则和公认的商业道德。

综上,本案例中同创蓝天公司关键词隐性使用未破坏鸿云公司商业标识对于消费者的可见性,不会导致相关公众的混淆,未扰乱正常的市场竞争秩序,亦不违反诚信原则和公认的商业道德,不属于不正当竞争行为。

214.“商业秘密”刑民交叉案件,应如何处理?

宁波慈星股份有限公司(以下简称慈星公司)认为宁波必沃纺织机械有限公司(以下简称必沃公司)违反协议约定,利用慈星公司要求保密的技术图纸生产横机设备的行为,侵害了慈星公司的商业秘密,遂诉至法院。浙江省宁波市公安局针对必沃公司涉嫌侵犯商业秘密罪有关事项立案侦查。一审法院认为,浙江省宁波市公安局侦查的事实涵盖了涉案协议和图纸相关内容,故裁定移送公安机关处理。

“商业秘密”既受到《反不正当竞争法》的保护，在《刑法》第219条也有关于侵犯商业秘密罪的规定，这样就会涉及刑民交叉的问题。《关于在审理经济纠纷案件中涉及经济犯罪嫌疑若干问题的规定》(以下简称《98年规定》)①第11条规定：“人民法院作为经济纠纷受理的案件，经审理认为不属于经济纠纷案件而有经济犯罪嫌疑的，应当裁定驳回起诉，将有关材料移送公安或检察机关。”第12条规定：“已立案审理的经济纠纷案件，公安机关或检察机关认为有经济犯罪嫌疑……经过审查，认为确有经济犯罪嫌疑的，应当将案件移送公安机关或检察机关。”以上规定可以总结为“先刑后民”原则。但是本案例一审法院裁定移送是否正确呢？本案系慈星公司以必沃公司违反合同约定为由所提起的合同之诉，系技术秘密许可使用合同法律关系。而浙江省宁波市公安局所立案侦查的必沃公司涉嫌商业秘密犯罪，系必沃公司涉嫌侵犯慈星公司商业秘密的侵权法律关系。二者所涉法律关系不同，并非基于同一法律事实所产生的法律关系，分别涉及经济纠纷和涉嫌经济犯罪，仅是二者所涉案件事实具有重合之处。一审法院应将与本案有牵连、但与本案不是同一法律关系的犯罪嫌疑线索、材料移送浙江省宁波市公安局，但也应继续审理本案所涉技术秘密许可使用合同纠纷。本案例不适用“先刑后民”原则。《98年规定》第12条后半段规定，“有关机关虽函告经济犯罪嫌疑，但人民法院认为确属经济纠纷案件的，应当依法继续审理”。本案一审后慈星公司向最高人民法院上诉，最高人民法院裁定撤销一审裁定，指令一审法院审理。

215. VIP账号分时出租行为违法吗？

北京爱奇艺科技有限公司(以下简称爱奇艺公司)是爱奇艺网和手机端爱奇艺App的经营者，用户支付相应对价成为爱奇艺VIP会员后能够享受跳过广告和观看VIP视频等会员特权。杭州龙魂网络科技有限公司(以下简称龙魂公司)、杭州龙境科技有限公司(以下简称龙境公司)通过运营的“马上玩”App对其购买的爱奇艺VIP账号进行分时出租，使用户无须购买爱奇艺VIP账号、通过云流化技术手段即可限制爱奇艺App部分功能。所谓流化技术，其运行原理如下：龙境公司制作一个可运行安卓系统，类似手机的云端产品，用户购买该云端

① 2020年已进行修正。

产品后即可在其上安装并运行各类 App。此后,在云端将基于 ARM 架构的安卓系统上运行的 App 中的画面转化成视频流,并将云端的显示进行编码,再用视频流的方式通过网络传输到用户端;终端用户在本地操作 App 时,由此形成的画面以及操作也会同时发送到云端,云端接收后会引起显示内容的变化,此时再次通过视频流将发生变化的内容发送给终端用户;当传输的延时足够短时,终端用户即会产生在本地 App 中操作云端 App 的效果。龙境云服务是一对一的技术,本地 App 在虚拟使用一个云端 App 时,即一个云端产品再运行云端 App,这样就达到了无须下载,即点即用 App 的效果。龙魂公司向龙境公司购买云端产品并在其中安装爱奇艺 App,后运行云端中的爱奇艺 App 并将其购买的爱奇艺 VIP 账号保持 24 小时均登录的状态,分时长出租;云端产品上的爱奇艺 App 运行画面会通过上述流化技术将云端呈现的画面实时地、一对一地传输到用户本地手机的涉案 App 上,故用户看到的视频画面是爱奇艺 App 的原生画面。但基于流化技术的特点,一个云端产品只能对应一个本地涉案 App,即在同一时间段内同一个爱奇艺 VIP 账号只可能由一个涉案 App 用户使用。因一个爱奇艺 VIP 账号可在多个设备上同时登录,故龙魂公司理论上可以购买多个云端产品但同时登录同一个爱奇艺 VIP 账号,再通过流化技术分别供多个终端用户在涉案 App 上使用该账号。

龙魂公司、龙境公司的行为妨碍了爱奇艺公司合法提供的网络服务的正常运行。作为网络视频网站,VIP 视频是爱奇艺公司推动 VIP 付费会员业务,在网络视频市场中获得竞争优势的重要经营资源。而爱奇艺公司提交的公证书显示,龙魂公司、龙境公司在涉案 App 中宣传其提供海量 VIP 视频内容;2017 年 5 月,安卓手机端涉案 App 无须注册即可免费租用爱奇艺 VIP 账号时长从而观看爱奇艺 VIP 视频,此时的爱奇艺视频人气已达 414.4 万,累计获 41.4 万积分;2018 年 5 月,涉案 App 中爱奇艺 VIP 视频人气则达 557.3 万。上述数据足以说明龙魂公司、龙境公司经营业务的重要部分包括通过分时出租爱奇艺 VIP 会员账号而为其用户提供本应为爱奇艺 VIP 会员才可获得的视频内容,其中的"VIP 会员免费看"等宣传描述表明龙魂公司、龙境公司对被诉行为破坏爱奇艺公司 VIP 付费制度系明知,龙魂公司、龙境公司搭便车的主观故意明显。龙魂公司、龙境公司运用网络新技术向社会提供新产品并非基于促进行业新发展的需求,该行为从长远来看也将逐步降低市场活力,破坏竞争秩序和机制,阻碍网络视频市场的正常、有序发展，并最终造成消费者福祉的减损，具有不正当性。因此，龙魂公司、龙境公司的上述行为具有违法性，是一种不正当竞争行为。

216.“关于在某地存在一项含有具体土地价等利润分析情况的房地产开发项目”的经营信息是否构成商业秘密？

绿城公司于2005年3月3日成立，程济中和绿城公司多年来对内蒙古自治区各地的房地产市场作了大量调查研究，付出了大量的人力、物力、财力。通过与各地政府及相关部门洽谈，最终程济中与五原县人民政府于2006年10月31日签订《五原县隆兴昌大街东拓拆迁修建道路及两侧商业及住宅建设开发项目协议书》(以下简称《开发项目协议书》)，2005年11月12日又签订《补充协议书》。为尽快启动该项目，程济中、绿城公司积极落实项目资金，在报纸上刊登广告诚邀合作投资伙伴加盟。2007年1月19日，虹亚公司的法定代表人吴某亮与程济中联系，要求程济中提供商业街项目的详细材料。吴某亮、虹亚集团以利诱等不正当手段获取了程济中、绿城公司的《某县大街东拓新建道路两侧商业房项目成本收入利润分析》《某县大街东拓道路世纪城商业、住宅项目成本收入利润分析》(以下简称两份项目利润分析报告)，绿城公司认为该两份项目利润分析报告中的经营信息为程济中、绿城公司享有的商业秘密。

程济中、绿城公司主张的经营信息能否构成商业秘密，取决于该经营信息是否符合三个构成要件：一是不为公众所知悉；二是具有商业价值；三是权利人对该信息采取了合理的保密措施。本案中，程济中、绿城公司主张的经营信息主要包括两个方面：一是在五原县存在一个房地产开发项目；二是该项目的利润分析情况及结论，包括项目的成本、优惠政策、销售价格等。首先，关于程济中、绿城公司主张的经营信息是否符合“不为公众所知悉”这一构成要件。第一方面的经营信息即某地区存在一个房地产开发项目，属于资源情报，由于《内蒙古日报》已将这一信息予以公告，故该信息不符合“不为公众所知悉”这一要件，不属于经营秘密。第二方面的经营信息，即涉案房地产项目的利润分析情况及结论，其主要依据是程济中、绿城公司提供的两份项目利润分析报告。该两份报告包含以下几个方面的内容：(1)涉案房地产项目中具有核心价值的土地费用(土地价)，该土地价是程济中与五原县人民政府经过协商并签订《开发项目协议书》确定的，系经过一定努力、付出一定代价而取得。(2)根据政府优惠政策计算的一些项目,如建设手续费用成本、税金成本等。五原县人民政府4号文仅是对优惠政策有一些明确规定,但具体优惠政策必须与政府一事一议协商确定,这些信息的获取需要付出一定努力。(3)与计算项目利润总额有关的成本、费用、价格等。利息成本是根据国家政策计算出来的;销售费用、管理费用,程济中、绿城公司主张是根据其多年来的市场经验,按涉案项目实际情况测算出来的;销售价格是程济中、绿城公司在调查当地商业住宅房价格的基础上测算出来的。首先,上述数据的获取或计算方法对房地产行业人员而言并不难,但获取这些信息仍需到当地房地产市场做相应的调查或咨询,需要付出一定劳动。由此可知,在程济中、绿城公司主张的经营信息中,一方面,虽然项目利润分析报告对涉案项目预期利润的计算方法比较简单,土地价等相关计算依据的获取也并不困难,但要获得这些信息需要付出一定代价。另一方面,除非特别关注某地房地产开发信息的开发商会对该地的房地产情况比较了解,对于大多数房地产开发商而言,某地存在一项含有具体土地价等利润分析的房地产开发信息,是不被普遍知悉的,应当认定为"不为公众所知悉"。其次,关于程济中、绿城公司主张的经营信息是否符合"商业价值性"这一构成要件。商业秘密的"商业价值性"是指拥有者获得的经济利益或者竞争优势,也即通过对商业秘密的使用,给权利人带来现实或潜在的经济利益,"商业价值性"最本质的体现是权利人因掌握商业秘密而保持竞争优势。本案中,程济中、绿城公司主张的信息是否具有"商业价值性"及价值性的具体体现,关键是看掌握使用该信息能否带来竞争优势以及带来何种优势。由于房地产开发市场的信息是海量的,掌握含有土地价、优惠政策及预期利润额等重要数据的房地产项目利润分析信息,能够为信息拥有者作出是否关注及投资开发该房地产项目的决策提供信息服务,使其在海量信息中快速锁定特定的房地产开发项目、降低工作成本、缩短决策的时间及投入,从而获得相应商机,为其带来一定的竞争优势,故应当从上述意义来理解程济中、绿城公司所主张信息具有的"商业价值性"。最后,关于程济中、绿城公司主张的经营信息是否符合"采取了合理的保密措施"这一构成要件。程济中、绿城公司发送给虹亚公司法定代表人吴某亮的相关资料,将涉案房地产项目的具体地点隐去,并且明确要求获知者对属于商业秘密的相关信息应予保密,不得向第三方泄露,并且,绿城公司与掌握其经营秘密的员工签订有包含保密条款的劳动合同,因此,应当认定程济中、绿城公司对其主张的相关信息采取了合理的保密措施。综上,程济中、绿城公司关于在某地存在一项含有具体土地价等利润分析情况的房地产开发项目的经营信息符合商业秘密构成要件,应认定构成商业秘密。

217. 非法获取他人经营信息会承担什么责任?

近年来,高端球鞋市场存在供不应求的情况,部分"球鞋黄牛"群体利用非法获取的权利人经营信息,囤积居奇、投机炒作,扰乱正常的市场秩序。蔡某于2018年起设立并经营"折扣店扫货"微信小程序,明知他人违规从耐克公司内部网盘下载上述经营信息,仍然付费购买,并在其经营的微信小程序上使用,同时收取相应会员费盈利。

经营信息是商业秘密的重要形式,其种类包括客户名单、交易价格、货源信息、营销策略等内容,对于市场主体获得竞争优势具有重要的商业价值。经鉴定,耐克公司的经营信息属于不为公众所知悉的商业秘密。而"折扣店扫货"微信小程序、蔡某手机内相关电子数据等,与耐克公司经营信息实质相同。蔡某使用上述商业秘密的违法所得共计90余万元。2021年7月23日,上海市杨浦区人民法院以侵犯商业秘密罪判处被告人蔡某有期徒刑8个月,并处罚金96万元。

218. 商业秘密认定的鉴定和被害公司因行为人侵犯商业秘密造成损失的鉴定应该注意哪些方面?

商业秘密认定的鉴定和被害公司因行为人侵犯商业秘密造成损失的鉴定,是认定是否构成侵犯商业秘密罪的关键。由于商业秘密的认定以及是否构成对商业秘密的侵犯的认定往往具有很强的专业性,通常需要由专业的鉴定机构出具专门的鉴定意见。要认定侵犯商业秘密罪一般至少需要两份鉴定,一份是对商业秘密能否成立的鉴定;另一份便是被害公司因行为人侵犯商业秘密造成损失的鉴定。

在司法实践中,公安机关等办案机关在认定是否构成侵犯商业秘密罪时难以决定,往往会以商业秘密定性上存疑或无法认定权利人损失为由不予立案。所以从一定意义上来说,商业秘密定性的鉴定和被害公司因行为人侵犯商业秘密造成损失的鉴定就成为能否构成侵犯商业秘密罪的关键点。因此,在申请专业鉴定机构作出上述两份鉴定时,应当着重审查以下几个方面:一是审查鉴定主体的合法性,包括鉴定机构、鉴定人员是否具有鉴定资质;二是审查委托鉴定事项是否符合鉴定机构的业务范围,鉴定人员是否存在应予回避的情形;三是审查鉴定材料的客观性,包括鉴定材料是否真实、完整、充分,取得方式是否合法,是否与原始材料相一致等;四是审查鉴定方法是否科学,包括鉴定方法是否符合国家标准、行业标准,方法和标准的选用是否符合相关规定;五是注意审查鉴定意见与其他在案证据能否相互印证,证据之间的矛盾能否得到合理解释。必要时,可聘请或指派有专门知识的专家辅助审查案件,申请鉴定人及其他有专门知识的专家向办案机关解释专业性问题,对鉴定意见的科学依据以及合理性、客观性发表意见,从而准确认定案件事实。

219. 网络服务商向用户提供洗稿软件是否构成不正当竞争行为?

腾讯系统公司、腾讯科技公司(以下统称腾讯公司)是企鹅号一站式内容创作平台的经营者,该平台上创作者创作的内容通过腾讯公司运营的看点快报、腾讯新闻、腾讯视频等对外进行分发。腾讯公司经过努力经营,其企鹅号内容创作平台已具有较高的知名度。各大自媒体平台服务协议的知识产权政策均为保护原创、抵制抄袭洗稿。新茶公司研发并在其网站向用户提供"有专自媒体助手软件"的宣传、使用说明及下载服务。有专自媒体助手软件为新茶公司唯一软件产品,该软件通过支持包括腾讯公司企鹅号在内的35+家自媒体账号管理。其核心服务:通过爆文中心将企鹅号等众多自媒体平台上的高点击量和阅读量的作品内容进行聚合;通过导入编辑功能将浏览到的作品复制、粘贴到有专自媒体助手软件;通过智能重写功能,对复制、粘贴的作品采用包括重写新标题、文章近义词和同义词替换、文章第一段增加摘要、文本内容调整等方式,进行伪原创;通过原创度检测,对伪原创内容进行原创度检测;通过一键发布功能,将文章发布到用户想要发布的自媒体平台上。

新茶公司向用户提供的有专自媒体助手软件服务,并没有创作出新作品,在本质上是对原作品的变相抄袭,即通常所说的洗稿。新茶公司引诱用户洗稿的行为,妨碍、扰乱、破坏了包括腾讯公司运营的企鹅号在内的自媒体平台的正常经营活动,使企鹅号等自媒体平台的服务质量降低、用户体验下降,违背了诚实信用原则和公认的商业道德,该行为构成不正当竞争。制止网络服务商恶意向用户提供洗稿软件,规范自媒体的创作行为,净化自媒体平台的生态环境,保护著作权人的合法权益,鼓励原创,对促进我国文化产业的发展与繁荣具有重要意义。

220. 向明知有合法来源的合作伙伴发送告知函的行为是否构成商业诋毁行为?

长生公司与双升公司同为药品生产销售企业,均生产销售涉案“百草妇炎清栓”,2020 年 3 月 18 日,长生公司委托北京华科联合专利事务所(普通合伙)向百灵公司(双升公司合作伙伴)发送《法律告知函》,要求百灵公司立即停止与双升公司之间的合作,停止生产双升公司“百草妇炎清栓”产品以及与此相关的一切商业活动。并在收到告知函之日起 30 日内书面告知北京华科联合专利事务所(普通合伙)或长生公司有关停止上述行为的事实情况。需要提醒贵公司注意的是,继续从事侵害活动,或未在规定的时间内进行书面答复,均将导致贵公司承担相关法律责任。

上述函件存在如下问题,(1)函件内容不客观、不全面,具有误导性。长生公司宣称其是“中国唯一的合法‘百草妇炎清栓’产品生产厂家”、其药品是“唯一的、受法律保护的、可使用‘百草妇炎清栓’名称的药品”。然而根据查明的事实,双升公司“百草妇炎清栓”药品系经药品监督管理部门审批而获准生产,该公司拥有合法生产资质。(2)函件措辞不当,超出自行维权合理界限。权利人通过发送告知函,甚或警告函,自行进行维权,法律并不禁止,但在发送函件中应谨慎、准确用词,不得使用夸大甚至扭曲的表述。长生公司在函件中使用“贵公司或因一时疏忽大意,或被双升公司欺骗……已经构成对长生公司专利权的侵害”中的“一时疏忽大意,欺骗”等词汇不符合诚实信用、基于善意的商业道德要求,明显具有排挤竞争对手的误导性、诋毁性。(3)函件发送范围超出必要限度。专利权人通过发送函件进行自行维权,法律并不禁止。虽然法律对函件发送范围没有进行明确规定,但作为权利人自行维权,其目的主要是达到停止侵权。但长生公司在明知侵犯其专利权的生产者时,却不选择向其竞争对手即双升公司发函、提醒、警告,而选择向其竞争对手双升公司的合作伙伴百灵公司发函要求停止侵权,特别是选择向销售涉案药品的销售者发声明函,要求停止侵权,该行为不具有合理性和善意性,其排挤竞争对手的目的更为明显。(4)对未有定论事实采取已有定论方式不当。在该函件中直接以其主观判断方式明确宣告“双升公司生产销售的‘百草妇炎清栓’构成侵权”，并要求百灵公司立即停止与双升公司合作，且警告相关销售者，凡参与贵州双升制药有限公司‘百草妇炎清栓’产品的生产、销售、推广等一切以盈利为目的的商业行为的个人或单位，都将承担侵权责任”。该函件内容明显将未有定论之事作为已定论之事予以表述，具有主观臆断性，明显不具正当性和适当性，已产生误导性。

综观函件内容，前述虚假、未经定性论断、误导性信息，已导致双升公司涉案药品经销商金灵公司认为涉案药品系侵权产品，进而向双升公司发送了《关于暂停‘百草妇炎清栓’合作的函》，该后果足以证明涉案药品经销商已对双升公司产生不信任，对其社会评价度产生不必要的降低，不正当地损害了双升公司的商业信誉和商品声誉，并导致终止了相关合作的直接后果。因此本函件构成商业诋毁行为，是一种不正当竞争行为。企业在维权时，在发送相关告知函时，应该注意函件内容的客观、全面，措辞妥当，发送对象最好直接发送给直接侵权行为人，对未有定论事实不应采用定论方式描述。

221. 增值税发票上的客户信息是否构成商业秘密？

阚某、章某璐、崔某东、安徽盛凯国际货运代理有限公司与安徽金陵国际货运代理有限公司（以下简称金陵公司）侵害商业秘密纠纷一案中，金陵公司举证了自2014年12月至2017年2月4年，与25家企业开展业务时开具的相关增值税发票。上述发票记载的“销售方”均为金陵公司，“购买方”均注明了企业名称、纳税人识别号、地址、电话、开户行及账号等信息，发票同时记载有每笔交易代理运费的单价和金额。金陵公司认为上述发票中的客户相关信息构成商业秘密。

金陵公司主张客户名单的载体是增值税专用发票，该发票必须包含地址、联系方式、银行账号、价格等信息，这些信息并非由金陵公司努力而获取，而是购买方主动告知，“开票信息”实际上是“公开”的，只是“公开”范围各不相同。首先，客户名单的载体“增值税专用发票”，在金陵公司的财务人员，交易的经办人员中均有接触和公开的可能性，因此由“开票信息”组成的客户名单并无秘密性可言。其次，增值税专用发票只能说明金陵公司曾经与这些客户进行过交易，而不能证明金陵公司拥有该客户的交易习惯、意向等深度信息，完全不能体现其有“整理归类”“一定内容和厚度的客户信息”等内容。

增值税发票上记载的信息应符合相关管理规定，其本身并不具有保密属性，且增值税发票交付购买方后，购买方亦没有对增值税发票上记载信息保密的法定义务和合同义务。因此，增值税发票中直接体现的相关信息形成的客户名单不构成商业秘密。

222. 协议约定的保密期限届满后，因为履行协议知悉了技术秘密的人是否仍然具有保密义务？

石家庄泽兴氨基酸有限公司（以下简称泽兴公司）、河北大晓生物科技有限公司（以下简称大晓公司）与北京君德同创生物技术股份有限公司（以下简称君德同创公司）侵害技术秘密纠纷一案，泽兴公司基于战略合作协议、加工协议取得了君德同创公司的涉案技术秘密。协议约定了合同期限和保密期限，即合同有效期3年，自2010年6月30日至2013年6月30日，双方协商同意，可以书面补充协议方式延长协议期限；合作期内及双方合作结束后3年内，泽兴公司必须对双方合作有关的销售数据、技术信息等进行保密，不得向任何人泄露任何相关资料。泽兴公司认为在战略合作协议、加工协议约定的保密期限届满后，泽兴公司不再负有任何保密义务，其可以自己使用、许可他人使用，甚至披露涉案技术秘密。君德同创公司认为，保密期限届满后，泽兴公司仅可以自己使用涉案技术秘密，但不可以许可他人使用，更不能对外披露涉案技术秘密。

技术秘密许可合同约定的保密期限届满，除非另有明确约定，一般仅意味着被许可人的约定保密义务终止，但其仍需承担侵权法上普遍的消极不作为义务和基于诚实信用原则的后合同附随保密义务。所谓后合同随附保密义务是依据《民法典》第558条的规定，合同终止后，当事人一方因合同关系知悉对方商业秘密的，即使未订立合同终止后的保密协议，也应当承担保密义务。因此，即便保密期限届满，技术秘密许可合同的被许可人仍需承担除自己使用以外的保密义务。

223. 使用他人产品型号编码的行为是否构成不正当竞争行为？

一般而言，产品型号编码由于缺乏显著性、唯一指向性，以及不能形成固定的消费记忆而不能构成指明商品来源的标识。但是，对于低压电器类商品而言，由于其型号命名是由某一机构统一管理，具体命名遵循严格的规则，使得该种产品的型号与其生产来源具有了区别于其他生产者的唯一指向性；该种商品所面向的消费者具有专业知识，习惯通过产品型号来认知产品来源；该种商品在市场上长期销售，使得其型号具备了长期的消费记忆，从而具备了指明商品来源的客观基础，因而可以构成知名商品的特有名称。例如，市场占有率达27%的常熟开关制造有限公司（以下简称常熟开关公司），早在1993年就投资研制出不同电流等级的塑料外壳式断路器，并申请获得该系列产品型号“CM1”。2004年常熟开关公司发现该产品型号被仿冒。常熟开关制造有限公司的“CM1”产品型号先后被一些小企业仿冒，大量地进行制假、售假活动。“CM1”既是常熟开关公司系列塑料外壳式断路器产品的专有型号，同时也符合知名商品特有名称的特征。经过常熟开关公司长期反复使用，具有了型号以外的更深层次的标识及特定商品的意义。该“CM1”产品型号构成知名产品型号，起到了区分不同产品来源的功能，完全可以成为表示商品或服务的标志。仿冒常熟开关公司“CM1”产品型号构成《反不正当竞争法》第6条中的混淆行为，引人误认为是常熟开关公司的商品或者与常熟开关公司存在特定联系，因此构成不正当竞争行为。

224. 企业如何保护经营中形成的数据资料？

互联网时代，众多企业通过开发和运营客户数据、市场数据、行业数据等方式来经营，从而获得消费者青睐，形成市场优势，那么，对于这些企业数据，是否属于知识产权的保护对象？企业如何保护这些数据带来的权益呢？

比如，甲公司通过与某市公交公司合作，通过安装定位器以及GPS数据，获取精准的公交位置信息，这些信息可以实时传送给面向消费者的手机App界面，从而让消费者能够获知准确的公交位置通知。乙公司破解了甲公司的数据加密系统，利用爬虫软件获取甲公司App内的实时数据，与甲公司形成竞争。

再如，某电商平台企业利用平台交易信息，包括用户的浏览、搜索、收藏、购买等信息，通过算法进行深度加工，形成可预测性统计信息，可为平台入驻的商家提供经营参考。A公司通过技术手段获取电商平台的数据，提供给相关人员使用，收取报酬。

类似上述案例，这些数据是否属于知识产权？企业又该如何保护这种数据权益呢？这涉及大数据时代的数据库权或者数据权益。

数据库权是一种新型的知识产权类型，欧盟已经对此立法，保护数据库权。

我国还没有针对数据库的专门立法,因而对于数据权益的保护还没有形成固定模式。一般而言,数据库分为有独创性的数据库和无独创性的数据库。有独创性数据库可以认定为《著作权法》中的“汇编作品”,通过《著作权法》予以保护。而无独创性的数据库目前在我国也是受保护的,只是其保护是通过《反不正当竞争法》进行。适用《反不正当竞争法》进行保护的前提是该保护的数据确实是企业耗费人力、物力、财力,经过长期积累形成的,且数据的收集、整理和使用具有合法性,而且确实有财产性权益,有价值。侵权者通过不当手段获取数据的行为可定性为不诚信、搭便车、不劳而获,违反商业道德,因而构成不正当竞争。

另外,企业经营中形成的数据还有可能构成商业秘密,同样可通过《反不正当竞争法》获得保护,当然其前提是满足商业秘密的构成要件。

225. 现代企业为何要重视数据合规问题?

数字经济时代,企业在经营过程中不可避免地会涉及数据风险问题。比如,有的企业利用爬虫软件搜集相关信息,而这些信息中有些可能构成其他企业的商业秘密、著作权,有些可能涉及公民个人信息,此时企业就可能涉嫌侵犯他人知识产权或个人信息,严重时还会招致刑事责任。某网络科技公司未经授权,为企业经营需要,由公司首席技术官陈某某指使多名技术人员,通过数据爬虫技术,非法获某外卖平台数据,造成某外卖平台直接经济损失 4 万余元,就是这种案例的典型体现。再如,有些企业在经营过程中积累了某些方面的大数据,如果将这些数据公开到国外,可能导致国家机密的泄露,造成难以弥补的损失,这就可能构成泄露国家秘密罪。某某打车公司被终止在某国上市的案子,就涉及此类数据风险。还有些企业将获得的公众个人信息数据进行售卖,可能构成侵犯公民个人信息罪。例如,某装修公司及其直接责任人员就曾被人报案,贩卖客户信息,被提起了刑事诉讼。再如,某景区或房地产销售公司强制客户刷脸、非法采集人脸信息的行为,都属于侵犯公民个人信息的行为,也都属于数据风险的范畴。

随着我国《网络安全法》《数据安全法》《个人信息保护法》的颁布实施,加上我国现行的各知识产权单行法,以及《刑法》的相关规定,一个体系化的数据保护、数据安全法律体系逐渐形成。现代企业处在这一法律环境下,必须深刻意识到数据安全、数据风险的重要性,以免不小心踏入雷区,给企业的生产经营、正常运转带来不必要的损失和阻碍。同时,这也是企业在数据经济时代提高经营管理水平、积极参与新时代、新业态竞争的必由之路,而且是企业保护自身数据资源、尊重他人数据价值法律意识的充分体现。

数据合规包含的内容十分广泛。从其针对的数据风险来说,可以包括未授权访问、数据滥用、数据泄露、侵犯个人信息、非法获取计算机信息系统数据、传播违法信息、侵犯知识产权、非法跨境提供数据等;还可以按照法律责任的种类划分为数据民事风险、数据行政风险和数据刑事风险。企业要做的就是根据合规指引识别相关数据风险并从经营管理过程中进行规避。从数据合规的工作内容上来说,其包括数据风险识别、数据风险评估与处置、数据合规管理体系的建立、数据合规运行和保障等方面。在所有的数据合规风险中,知识产权和不正当竞争风险是非常重要的一个方面,企业应该就此将知识产权合规与数据合规综合起来,建立适合于自己的合规体系。

企业数据合规的体系建设因企业经营范围、经营管理模式的不同往往有较大差异,需要按照自身的需求,聘请相关领域专家一事一议,构建适合的框架并严格履行。

第六章　其他知识产权管理和风险防控

226. 什么是地理标志？它有什么作用？

潼关肉夹馍事件是2021年一个社会热点事件。由于潼关肉夹馍协会委托律师向众多潼关肉夹馍经营者维权，要求停止使用“潼关肉夹馍”招牌，损害赔偿，或者付费加入协会。导致众多经营者不满，此事见诸报端后，引起了社会热议。后国家知识产权局和最高人民法院先后发声，认为协会要求经营者付费加盟的做法是违法的，随后该协会发出道歉声明，不再维权，并表示将会尽力帮助潼关肉夹馍经营者做好产品，共同经营好该传统小吃，做好潼关肉夹馍品牌。

该事件因为潼关肉夹馍图文商标维权而引发，因此是一个典型的知识产权系列案。此系列案更重要的意义是推动了公众对地理标志和地理标志商标的认知。国知局和最高人民法院的声明之所以认为协会要求经营者付费加盟的做法违法，就是因为“潼关肉夹馍”图文商标是一个“地理标志集体商标”，其有自己的权利边界。这种商标一个最重要的特点：商标使用者只能是潼关肉夹馍地理标志标示地区的经营者，仅限于潼关肉夹馍地理标志的集体成员，有地域和身份限制，其他地区的经营者，即使其产品满足潼关肉夹馍品质要求，也不能使用该商标，因此不可能允许加盟该协会。

2021年发生的涉及地理标志的事件不止潼关肉夹馍，还有库尔勒香梨（地理标志证明商标）等。但实际上这些事件讨论的对象是“地理标志商标”，而不是地理标志本身，但这两者又有紧密联系。

那么什么是地理标志？它又有什么作用呢？

根据我国《商标法》（2019年修正）的规定，地理标志是指标示某商品来源于某地区，该商品的特定质量、信誉或者其他特征，主要由该地区的自然因素或者人文因素所决定的标志。像五常大米、库尔勒香梨、景德镇陶瓷等。地理标志也是一种商业标志类知识产权，它的功能类似于商标，主要是识别功能，不过与商标不同的是，地理标志是识别某商品来自某地区的一个标识，不是来自某一个企业。在 TRIPs 协定之后地理标志已经成为一种单独的知识产权类型。

事实上，某一个地方如果有一种较有特色的地方特产，想要获得地理标志保护，成为地理标志产品，是需要经过一个严格的认证程序的。在我国，目前有两个部门负责地理标志产品的认证，一个是国家知识产权局，负责“地理标志产品”认证；另一个是农业农村部，负责“农产品地理标志认证”。如果想获得认证，需要一个申请人启动程序，这个申请人往往是协会、商会、同业公会、产业促进会等非营利性民间组织，而且需要获得县级以上地方政府的指定，同时地方政府要根据申请人的申请，划定这种地标产品的产地范围。申请人需要对该种特色产品进行质量标准、理化指标的分析，并体现在相应的文件材料中，准备好所有材料后，可以向省级政府相关部门提交申请材料，经过省级政府相关部门的审批后，报国家部委进行审批，审批过程中还会有专家评审，对地标产品的特色品质进行实地考察，如果能够获得通过，即可认定为地理标志产品。认定之后，申请人就获得了地理标志产品专用标志的管理权限，处在地理标志产品标示区域内的经营者可以申请使用地标专用标志，未经许可不得使用，否则构成违法行为，会受到行政处罚。另外，相关部门会对地标产品的质量随时进行监督，不满足质量品质要求的地标产品不允许使用专用标志。

而地理标志商标则是将包含地理标志名称的标识注册为集体商标或证明商标，通过商标法规则进行规范化使用，对侵权使用行为进行打击，其目的也是维护地标产品的品质质量，打击假冒地标产品。

地理标志制度具有标示作用、监督管理作用、保护作用和增值作用。该制度的有效运转，有助于维护地标产品的品质，防止假冒和不正当竞争，从而帮助各地培育地方特色品牌，最终让有特色的地标产品为地方经济发展带来贡献。因此，国家也十分重视地理标志制度。2021 年，国家还专门颁布了《地理标志保护和运用“十四五”规划》，而且《中华人民共和国政府与欧洲联盟地理标志保护与合作协定》已经生效，已经有若干地理标志产品进入欧洲市场，为各地经济高质量发展、乡村振兴带来了一种有效的途径。

我们的企业可以充分利用地理标志制度，致力于发展地方特色产业，借助地标产品发展自身，也可为地方经济发展作出应有的贡献。

227. 哪些企业需要特别关注地理标志制度?

由于地理标志制度针对的是地方特色产品,这种产品大多具有地理和人文因素,与地方的地理因素、传统文化、传统知识紧密相关。因此这些地标产品一般出现在农林牧渔、传统手工技艺集中的领域。所以,从事农产品种植及加工业、餐饮业、食品加工业、制造业、手工业等行业的企业,最有可能接触和利用该制度。

非物质文化遗产中那些涉及传统手工技艺、中医药的项目,如果与企业的经营相关,也容易向地理标志产品转化。因此,对于从事以上行业的企业,可以充分挖掘地理标志资源,走一条通向蓝海市场的特色发展之路。

另外,由于地理标志产品的申报需要对产品本身进行理化指标分析和改良,可能还涉及技术标准化工作,这里面也内涵丰富的技术研发项目,尤其是农业技术、基因技术、化学分析等,也大有用武之地。

228. 企业如何运营地理标志获取经济效益?

地理标志产品是我国各地由于地理、历史因素形成的宝贵财富,地理标志制度正是为了开发这种资源应运而生的。但这种制度需要适当的运营才能将自然资源转换为经济效益。

第一,地理标志制度的健康运营需要一个强有力的领导者,也就是协会等非营利性民间组织,也需要一个德高望重、善于经营、勇于开拓的智者。

第二,地理标志产品的质量特色、品质要求必须有一个明确的、可量化的、可辨别的理化指标,这需要对地标产品进行深入分析,制定一个合适的质量标准。该标准既能体现自己地标产品的特色品质,又能在以后的维权中与其他同类产品显著识别开。

第三,能够实现地标产品的标准化生产和规范化管理,以实现品质的监督管理。

第四,除了国家相关部门的质量监督系统之外,地标管理组织也应该负起品质监督的职责,建立一套良好的品质监督和保护体系。

第五,利用好地标产品的特色效应,走特色化品牌化之路,注重地标产品品牌推广,用品牌提升产业价值,增加利润率。

第六，在地方政府的支持下，制定地标产品产业发展规划，在品牌化、规模化发展过程中，带动更多企业和个人走共同富裕道路。

229. 地理标志可以申请为商标吗？

可以。不过地理标志由于是地方公共资源，不能为某一个人或企业独占，因此地理标志只能申请为集体商标或者证明商标，分别称为“地理标志集体商标”和“地理标志证明商标”，这两种商标都不是企业和个人独占的。

其中，地理标志集体商标只允许地理标志标示地域范围内的集体组织的会员使用，且会员的地标产品必须达到地标产品的质量标准。另外，如果地理标志标示地域范围内的企业或个人不愿意加入地理标志集体组织，也可以使用地理标志（主要是地名），但不能使用地理标志商标（注册的那个商标），但其生产的产品也应该符合地标产品的品质标准。这也正是2021年潼关肉夹馍事件中，国家知识产权局和最高人民法院先后声明，潼关肉夹馍协会要求收取加盟费的做法违法的原因。不过对于那些确实不属于潼关地区却打着“潼关肉夹馍”牌子的人，协会实际上还是可以正当维权的，这是其商标权的应有之义。

而地理标志证明商标是由注册人掌握，但注册人自己并不能使用的一种商标。它的使用人是那些地标产品符合品质要求、申请使用商标的企业或个人，即地标产品的经营者。库尔勒香梨协会申请注册的就是一个地理标志证明商标，只是由于该地标产品是一种初级农产品，只有地处其标示地域范围内的种植户采摘的香梨才能满足其品质要求，也才能使用那个“孔雀＋文字”商标，因此，库尔勒香梨协会的维权打假是理所应当的，任何非地标产品产区的香梨使用“库尔勒香梨”就是一种商标侵权行为。

230. 什么样的植物可以申请植物新品种权？

根据《植物新品种保护条例》的规定，所谓植物新品种，是指经过人工培育的或者对发现的野生植物加以开发，具备新颖性、特异性、一致性和稳定性并有适当命名的植物品种。植物新品种权是一种单独的知识产权类型。在我国，新品种权是通过特别法保护的，这个法律就是《植物新品种保护条例》。

其中，新颖性是指申请品种权的植物新品种在申请日前该品种繁殖材料未被销售，或者经育种者许可，在中国境内销售该品种繁殖材料未超过1年；在中国境外销售藤本植物、林木、果树和观赏树木品种繁殖材料未超过6年，销售其他植物品种繁殖材料未超过4年。新颖性是一个时间概念，类似于专利的新颖性，其关键界分点是申请日。

特异性，是指申请品种权的植物新品种应当明显区别于在递交申请以前已知的植物品种。也就是说，这种植物新品种在某些性状上与以前的植物品种有明显区别。比如，我国最高人民法院曾经发布的一个指导性案例中涉及的一种“三红蜜柚”，其特征就是从表皮、果瓤到果粒都是红色，明显与现有的柚子品种不同。

一致性，是指申请品种权的植物新品种经过繁殖，除可以预见的变异外，其相关的特征或者特性一致。比如，上述的“三红蜜柚”，经过繁殖后，所有的柚子果实都能够保持三红的特征，如果其中大部分或相当一部分已经改变性状，如有些变成了黄色，有些变成了绿色，就不符合一致性要件。

稳定性，是指申请品种权的植物新品种经过反复繁殖后或者在特定繁殖周期结束时，其相关的特征或者特性保持不变。这是指也许经过一次繁殖它还能保持特定性状，但经过两轮或者多轮的繁殖后，其性状又出现了大量的改变，就不能满足稳定性要件。

231. 植物新品种可以申请专利吗？

不能。在我国，植物新品种的保护是通过授予新品种权的方式保护的，是一种特别法的保护方式，不能申请植物专利。但是植物新品种的生产方法可以申请专利。

232. 植物新品种的保护期有多长？

植物品种权的保护期限，自授权之日起，藤本植物、林木、果树和观赏树木为20年，其他植物为15年。需要注意的是，植物新品种权同专利一样，也有保护期，但不同于专利的是，其保护期的起算时间点是自授权之日起，而不像专利，是从申请之日起。

233. 哪些行为可能构成对新品种权的侵害？

根据我国《植物新品种保护条例》和修改前《种子法》的规定，对新品种权的侵害主要有以下行为：

(1)未经品种权人许可，以商业目的生产、繁殖或者销售授权品种的繁殖材料的；

(2)未经品种权人许可，为商业目的将授权品种的繁殖材料重复使用于生产另一品种的繁殖材料的；

(3)假冒授权品种的；

(4)销售授权品种未使用其注册登记的名称的。

但是企业一定要关注的是，《种子法》已经于2021年修订，自2022年3月1日生效，根据新修订的《种子法》，任何单位或者个人未经植物新品种权所有人许可，不得生产、繁殖和为繁殖而进行处理、许诺销售、销售、进口、出口，以及为实施上述行为储存该授权品种的繁殖材料。因此，植物新品种权的保护范围有了重大扩展，除了原来规定的生产、繁殖和销售，还包括为繁殖而进行处理、许诺销售、进口、出口及储存繁殖材料的行为。企业在经营中对此需格外关注。

另外，相关法律、法规也规定了植物新品种权的侵权例外情形：(1)利用授权品种进行育种及其他科研活动；(2)农民自繁自用授权品种的繁殖材料。在这两种情形下，可以不经植物新品种权所有人许可，不向其支付使用费。

234. 企业如何保护植物新品种权？

首先，企业应及时申请品种权登记，并在取得登记后按照规定缴纳年费，防止品种权被无效。

其次，明确我国对植物新品种权的保护途径。在我国，植物新品种权的保护有行政保护和司法保护两种模式。企业可以在得知有侵权行为时，先固定好侵权证据，然后通过合适的方式维权。

对于未经品种权人许可，以商业目的生产或者销售授权品种的繁殖材料的，可以向省级人民政府的农业部门或林业部门投诉，申请查处侵权行为。也可以直接向人民法院起诉，要求停止侵害，损害赔偿。

对于假冒授权品种的，可以向县级以上人民政府农业、林业行政部门投诉，申请查处违法行为。这种情况下，如果存在刑事犯罪，还可以要求追究刑事责任。

对于销售授权品种未使用其注册登记的名称的行为，可以要求县级以上人民政府的农业、林业行政部门查处。

而对于植物新品种的申请权和品种权的权属发生争议的，则只能向人民法院提起诉讼。

最后，根据新修订的《种子法》，侵害新品种权的法定赔偿数额最高提高到了500万元，且惩罚性赔偿也由原来的最高3倍提高到最高5倍，与三大知识产权法保持了一致。

235. 集成电路布图设计授权需要满足什么条件？

在电子信息时代，半导体技术具有举足轻重的作用，集成电路布图设计问题主要与半导体技术相关。

提到集成电路布图设计，首先要清楚什么叫集成电路，所谓集成电路，是指半导体集成电路，即以半导体材料为基片，将至少有一个是有源元件的两个以上元件和部分或者全部互连线路集成在基片之中或者基片之上，以执行某种电子功能的中间产品或者最终产品。

而集成电路布图设计，又叫拓扑图，是指集成电路中至少有一个是有源元件的两个以上元件和部分或者全部互连线路的三维配置，或者为制造集成电路而准备的上述三维配置。从该定义可知，集成电路布图设计核心在“设计”，它是为实现某种电子功能的集成线路的三维设计图。

因为集成电路布图设计的特殊性，一方面它是一种实现电子功能的含有技术性的知识产权；另一方面体现为一种设计，带有一种典型的版权特征。因此，在知识产权中被称为“工业版权”，其保护措施也与其他技术类知识产权不同，主要在于防止非法的“复制”行为，以及与此相关的“销售”“进口”行为。

集成电路布图设计能够享有独占权的前提是履行登记程序，而能够登记的布图设计应当具有独创性，即该布图设计是创作者自己的智力劳动成果，并且在其创作时该布图设计在布图设计创作者和集成电路制造者中不是公认的常规设计。或者，如果受保护的布图设计是由常规设计组成的，那么其组合作为整体应当符合独创性要求。

236. 集成电路布图设计保护期是多久？

集成电路布图设计专有权的保护期为10年，自布图设计登记申请之日或者在世界任何地方首次投入商业利用之日起计算，以较前日期为准。但是，无论是否登记或者投入商业利用，布图设计自创作完成之日起15年后，不再受《集成电路布图设计保护条例》保护。

237. 哪些行为构成对集成电路布图设计的侵害？

根据我国相关法律规定，集成电路布图设计权利人享有以下专有权：(1)对受保护的布图设计的全部或者其中任何具有独创性的部分进行复制；此处的复制是指重复制作布图设计或者含有该布图设计的集成电路。(2)将受保护的布图设计、含有该布图设计的集成电路或者含有该集成电路的物品投入商业利用。此处的商业利用，是指为商业目的进口、销售或者以其他方式提供受保护的布图设计、含有该布图设计的集成电路或者含有该集成电路的物品的行为。

从以上规定可知，对布图设计的保护不仅包括布图设计本身的重复制作，也包括对含有该布图设计的集成电路的重复制作。而除了复制行为，为商业目的的进口、销售或其他提供布图设计、含该布图设计的集成电路或含有该集成电路的物品的行为也属于侵权行为。比如，手机中的主板构成一个集成电路的话，那么对这个主板布图设计的复制和主板集成电路的重复制作就是侵权行为，不仅如此，为商业目的的，进口、销售或以其他方式提供该主板布图设计图、主板集成电路甚至含有该主板集成电路的手机的行为，都属侵权行为。

不过法律也规定了侵权例外情形，比如：(1)为个人目的或者单纯为评价、分析、研究、教学等目的而复制受保护的布图设计的；(2)在依据前项评价、分析受保护的布图设计的基础上，创作出具有独创性的布图设计的；(3)对自己独立创作的与他人相同的布图设计进行复制或者将其投入商业利用的。这些行为可以不经布图设计权利人许可，不向其支付报酬，类似于《著作权法》上的合理使用行为。

另外，法律还规定了集成电路布图设计的“权利用尽”制度，即受保护的布图设计、含有该布图设计的集成电路或者含有该集成电路的物品，由布图设计权利人或者经其许可投放市场后，他人再次商业利用的，可以不经布图设计权利人许可，并不向其支付报酬。就是说我们企业如果从正规渠道购买了正品的集成电路布图设计或者产品，之后再商业利用，权利人就无权追究了。

另外，法律还规定了针对集成电路布图设计的强制许可制度，即在国家出现紧急状态或者非常情况时，或者为了公共利益的目的，或者经人民法院、不正当竞争行为监督检查部门依法认定布图设计权利人有不正当竞争行为而需要给予补救时，国务院知识产权行政部门可以给予使用其布图设计的非自愿许可。这种非自愿许可就是强制许可制度，类似于《专利法》上的强制许可。其理由主要是三个，一是国家紧急状态，二是公共利益，三是防止不正当竞争。

238. 企业如何保护集成电路布图设计？

企业如果有独创性的集成电路布图设计以及相应的集成电路产品，一定要做好保护措施。

首先，企业应及时申请集成电路布图设计登记。按照现行规定，如果企业的集成电路成果未登记即投入市场，那么自其在世界任何地方首次商业利用之日起2年后，便不能再登记，从而不能享受专用权保护。

其次，对于集成电路布图设计的保护途径，一般在遇到侵权行为时，企业首先可以通过与对方协商解决。当然，协商解决之前，企业应做好证据固定工作，以备后面的其他解决方式之需。如果双方协商不成，企业可直接向人民法院起诉，要求停止侵害、赔偿损失。也可以先行请求国务院知识产权行政部门（目前为国家知识产权局）通过执行执法解决。

国家知识产权局如果认定侵权行为成立，可以责令侵权人立即停止侵权行为，没收、销毁侵权产品或者物品。当事人不服的，可以自收到处理通知之日起15日内向人民法院提起行政起诉。侵权人期满不起诉又不停止侵权行为的，国家知识产权局可以请求人民法院强制执行。不过行政解决对赔偿损失这一项不能裁定，国家知识产权局只能就侵犯布图设计专有权的赔偿数额进行调解，调解不成，当事人可以提起民事诉讼。

实践中，如果企业作为权利人想实现充分的保护，尤其是有赔偿损失请求时，一般是直接提起民事侵权诉讼。不过前提条件是已经固定好被告身份、侵权行为及损害赔偿的充分证据，做到尽可能充分确凿。

李　华

盈科律师事务所创始合伙人、盈科全国业务指导委员会主任。

李华律师作为盈科全国业务指导委员会主任，负责盈科体系内的专业化建设，带领盈科律师，构建出完整的专业化法律服务体系，包括研究院、专业委员会及综合性法律中心，推动盈科律师专业化的法律服务，以适应法律服务市场不断细分的需要。在此基础上，通过集成各专业委员会纵深化的法律服务能力为客户提供综合性的法律服务。

曾荣获全国律师行业优秀党员律师、北京市优秀律师、朝阳区优秀律师、朝阳区首届优秀女律师、朝阳区优秀党员的荣誉称号。

罗宗奎

男（1979.10–），知识产权法博士，中原工学院法学院/知识产权学院副教授，硕士研究生导师，中国政法大学无形资产管理研究中心研究员，盈科郑州知识产权法律事务部副主任。具有律师执业证和专利代理人资格证双证，具备法学理论背景和法律实务工作经验，拥有法学和理工科复合知识背景。曾主持国家社科基金项目一项、省部级项目多项， 在Queen Mary Journal of Intellectual Property《玛丽女王知识产权杂志》（SSCI）、Journal of the Intellectual Property of Australia and New Zealand Inc《澳大利亚和新西兰知识产权杂志》《知识产权》《文化遗产》《档案学通讯》《中华商标》《中国发明与专利》等国内外核心期刊以中英文发表知识产权论文数十篇，出版专著《非物质文化遗产的知识产权保护》（中国政法大学出版社）1部，参编教材《知识产权总论》1部（知识产权出版社），参编版权普法著作《著作权法巡诊记》《著作权法咨询台》（副主编，河南省委宣传部版权局委托，海燕出版社出版）2部。

丁海波

男（1972.10–），法律硕士，河南工学院经济学院副教授，新乡市法学会常务理事，兼职律师，具有专利代理师资格证。

牛敬义

男（1985.8–），法学学士（郑州大学），盈科郑州知识产权法律事务部秘书，专职律师。

王丽娇

女（1991.5–），法学硕士（郑州大学），盈科郑州专职律师。